[あじあブックス]
064

中国の復讐者たち

——ともに天を戴かず

竹内康浩

大修館書店

はじめに

二〇〇七年十一月十五日の新聞に、「報復殺人犯　英雄に?」という記事が出た。二〇〇二年七月、ドイツ南部上空でロシアのチャーター旅客機と国際貨物DHLの貨物機が空中衝突し、ロシア機の乗員・乗客七十一人と貨物機の乗員二人が死亡するという事故があった。実は原因は、管制ミスによるものであった。この事故で、妻・長男・長女を失った、ロシア人建設技師のビタリー・カロエフ氏（当時五十一歳）は管制官への復讐を決意。二〇〇四年二月にスイスのチューリヒ郊外でこの管制官を刺殺し、逮捕されて禁固八年の刑に服することになったが、のちに減刑されてこの十二日に釈放されたというニュースである。新聞記事は次のように続ける。

モスクワの空港では、親族のほか、大統領府が設立した青年団体「ナーシ」の活動家が出迎えた。活動家は、モスクワ市内に向かう道路沿いにも立ち、「あなたは真実の人間だ」と書かれたプラカードを手に歓声を上げた。カロエフ氏は、歓迎に戸惑う一方、テレビの取材に「(報復は)なされねばならなかった」と固い信念を吐露している。十四日の新イズベスチヤ紙は、23%が同氏の行動を支持し、44%が同情するとした世論調査の結果を報じ、「犯罪や復讐に寛大な国民意識がうかがえる」と指摘した。

『北海道新聞』二〇〇七年十一月十五日、朝刊

世論調査では合計してほぼ三分の二の人々がカロエフ氏の「報復」に共感や同情を寄せているという。新聞は、一方で、「カロエフを英雄にしてはならない。殺人は何といっても犯罪だ」という女優のクラチコフスカヤさんの非難の声も載せ、「各界で反響を呼んでいる」と記事を結んでいる。

もととなった事件は、飛行機事故という極めて現代的なものだ。しかし、それに対する反応は、復讐という極めて古典的なものであった。妻子を奪われた男の悔しさと怒りの感情には、もちろん誰もが理解と共感を持ち得るであろう。それにとどまらず、事故の原因を作った管制官を殺害するという行為に対してまでも、多くの人が同様に理解と共感を示すという結果が出たのだ。もちろん、結局は殺人で犯罪だとする意見が一方に出たこともまた事実ではある。

復讐としての殺人は、人類の歴史において、古今東西を問わず、絶えず起こってきた現象である。右のニュースにあるように、二十一世紀になっても現実に起こっているのである。復讐が殺人

行為であり、それが犯罪となることは、もちろん当事者も知っている。それでも復讐へと乗り出してゆくのだ。法に違反するとか、あるいは自分のその後の人生が大きく変わるとか、そういうことをわかっていながら敢えて復讐を行うのだ。とすると、復讐をめぐっては、そこには何か、人間にとって本質的な要素があるに違いない、と予想することができよう。つまり、復讐はただの無法で野蛮な行為とは違う、という認識があるのではないだろうか。それを、ここでは中国における復讐を対象として、考えてみることとしたい。紀元前以来、大量の記録が蓄積されてきた中国は、復讐についてもサンプルが極めて豊富である。それらを見てみることで、何かわかることがあるに違いない。そして、復讐そのものを超えて、もっと大きな、人間という存在についての理解へと踏み出していけるのではないか。そのように考えて、中国の復讐について検討してみようと思う。

復讐は野蛮な犯罪行為に過ぎないのか、あるいは人として大切な意味ある行為であるのか、以下、検討を加えることとしよう。

目次

I

有名復讐譚

復讐の物語

まずは、中国における有名な復讐物語を紹介したい。

復讐譚は古今東西、実話もとより、小説や演劇の題材に事欠かない。日本であれば、何と言っても「忠臣蔵《ちゅうしんぐら》」を代表とし、現在では知名度はそれには及ばないながら、鎌倉時代初期、曾我十郎《そがじゅうろう》・五郎《ごろう》兄弟が父の仇《かたき》を討った事件を扱った『曾我物語』などの一連の「曾我物」も、歌舞伎などで人気がある題材であった。ヨーロッパに目を転じると、ギリシア悲劇のエレクトラの復讐（R＝シュトラウスのオペラにもなっている）、シェークスピアの『ハムレット』、大デュマの『モンテ＝クリスト伯』（いわゆる『巌窟王《がんくつおう》』）など、名作が並ぶ。

それに比べ中国については、のちの章に掲げるように、その長い歴史を通して復讐事件は大変に多いけれども、「復讐と言えばこれ」という代名詞に当たる話を探してみると、なかなかぴったり来るものがない。そうした中、ここでは伍子胥《ごししょ》・予譲《よじょう》・呂母《りょぼ》・孫臏《そんぴん》（孫子）の四人の話を取り上げてみる。伍子胥は、故事成語を多く生み出した呉越《ごえつ》の戦いの重要人物であり、高校の漢文の教科書にも載っている有名人。予譲はその「士は己を知るもののために死す」の言葉とともに知られた人で、日本画家平福百穂《ひらふくひゃくすい》の名作の題材にもなっている。孫臏はいわゆる「孫子」と称された人である（但し、いろいろ問題があることは後述）。呂母は一般には馴染みが薄いであろうけれども、民衆反乱の注目すべき例として中国史研究者うちではよく知られた人物である。いずれも大変に古い時代の人で、伍子胥・予譲・孫臏は紀元前の人であり、呂母もほぼ紀元前後の人である。彼らの事績は強く中国人の記憶にとどめられて、折に触れてその名が持ち出され、語られてきた。中国の復讐話を語る際にこれらの人物を挙げることには、中国史に通じた人ならおそらくさほど異存はないだろう。もし知らない方であっても、以下、読んでいただければ、同意していただけると思う。まずは、日本やヨーロッパの復讐譚に伍するような中国史上の著名な復讐を紹介して、基礎イメージを作るとともに、以下の導入としよう。

しかし、付言しておくと、この内で復讐に成功したと言えるのは、実は呂母と孫臏の二人でしかない。それも、孫臏の場合は国対国の戦争の最中に結局相手は自殺しているのであり、呂母（女性である）の場合も多くの他人の手を借りて成し得たものであり、どちらも「自らの手で討ち果たす」という決闘のような復讐ではない。伍子胥の場合は成功したか否かの評価は若干微妙で、結局めざす仇の存命中は（！）討ち果たすことができなかった。残る予譲の場合は明らかに失敗している。つまり、ここで挙げる事例は、赤穂《あこう》浪士のような華々しい成功物語ではないのであって、なんだかそれでは中国の復讐譚は一向にさえないものと受け取られかねない可能性もある。

それでもこれらの人々を例に挙げるのが適当だと私が思うのは、結局、復讐をめざす動機と意志こそが、復讐の本質に関わると考えられるからである。特に予譲の物語はそのことをよく示している。予譲の死を聞いて、志あるものは彼のためにみな泣いたという。誰かの仇を討つのが復讐であり、復讐者がその誰かに寄せる想いの強さ、復讐を果たそうとするひたむきさ、それこそが復讐行為に対して人々が共感を寄せる理由ではないかと思うのである。問題は結果ではなく、復讐へと自らを駆り立ててゆく熾烈な意志である。復讐に美学があるならば、それはまさしくそこにある。

さらに、これらの人物を選んだことには、また別な理由もある。たった今触れた、誰か、という点である。即ち、伍子胥は父と兄の仇、予譲は主君の仇、呂母は息子の仇、そして孫臏は自分自身の仇を、それぞれ討とうとしたのである。家族や君臣関係の場合もあれば、自分のための復讐もある。そのバリエーションを見ておこうとするものである。もちろん、いずれも最後にめざすのは仇を殺害することに変わりはなく、そして復讐へと突き進む決然たる意志の強さと、準備の周到さにも変わりはない。

二千年の時を越えて彼・彼女の物語が今に至るまで伝わる、その理由を、これから読み解くこととしよう。

1　伍子胥の場合

発端――父と兄の誅殺

伍子胥《ごししょ》は春秋時代の人で、生年は不明ながら、亡くなったのは紀元前四八五年である。名字は伍、名前は員《うん》で、子胥は字であるが、彼の伝記を残す『史記』では伍子胥列伝と名づけ、記述もずっと伍子胥で通しているので、ここでも以下、伍子胥と表記することとしよう。なお、伍子胥については、司馬遷《しばせん》の名著『史記』の中に、復讐とは無関係の記事も含んで、比較的長い文章がある。ここでは、本書の目的に即し、復讐に関わるところだけを取り上げておくこととする。彼の全人生に興味が引かれたら、『史記』の中のそれぞれの箇所に、直接当たってほしい。省略するには惜しい話が、そこにはある。

彼の生きた春秋時代は、中国がまだ統一されず、多くの国に分かれ、戦いに明け暮れていた時代である。その内の楚《そ》という国に、彼は生まれた。黄河流域の地域を中心に覇権争いは繰り広げられ、南に位置する楚も次第にその中に参入してくる。さらに南の呉や越といった国々も覇権争いに加わりだす、そういう「国際」状況が彼の生きた時代の背景である。

伍子胥の先祖は伍挙《ごきょ》といい、かつて楚の荘《そう》王に仕え、歯に衣着せぬ諫言《かんげん》で知られた人物であった。子孫も代々楚に仕え、伍子胥の父である伍奢《ごしゃ》も平《へい》王に仕え、太子の守《も》り役である大傅《たいふ》の職についていた。将来、次代の王になろうという太子の守り役につくということは、当然王の信頼厚い人物であったに違いない。ところが彼の部下の少傅であった費無忌《ひぶき》なる人物が曲者《くせもの》である。太子の妃になるはずの女性が美人であったので、平王に勧めて王自身が彼女を娶るように仕向け、太子には別の女性を迎えさせた。この件で費無忌は平王の覚えはめでたくなったが、太子は面白かろうはずもなく、いずれ太子が王となった暁には手痛いしっぺ返しが来ることは目に見えている。そこで費無忌は太子のことを王に讒言《ざんげん》し、果ては外の勢力と結んで反乱を起こす兆しがあるとまで言って、太子を亡き者としようとたくらんだ。平王もとりあえず伍奢に状況を尋ねるが、費無忌がさらに心の隙間に付け入るように煽り立てる。平王はついに太子の殺害を命じるが、太子はかろうじて宋《そう》へ亡命する。太子の守り役の伍奢は捕らえられ、誅殺される運命となったが、費無忌が平王に、

「伍奢には二人の賢明なる子がおります。父とともに誅殺しておきませんと、のちのち楚の国の災いとなりましょうぞ。」

と言ったため、伍奢を人質として、伍子胥と兄の伍尚《ごしょう》の二人を呼び出すこととした。二人の息子について、父である伍奢は以下の分析をしてみせる。

「兄の尚は仁愛の人物であるから、呼び出せば来るであろう。しかし、弟の員（＝伍子胥）は剛毅で、他人の言うことを気にせず、恥辱にも堪え、大事を成し遂げることができる。この呼び出しの陰のたくらみを見抜いて、やってくることはあるまい。」

呼び出しを受けた尚と員の兄弟は、二人とも行けば結局父ともども皆殺しにあうことは当然に理解する。しかし、名目上ではあっても人質となっている父の呼び出しを無視するわけにもいかない。兄の尚は呼び出しに応じ、伍子胥は逃亡して復讐をめざすことに決める。迎えの使者に矢を放って伍子胥は逃亡し、先に太子が亡命した宋の国へと向かう。兄の伍尚と父の伍奢は、都で処刑さ

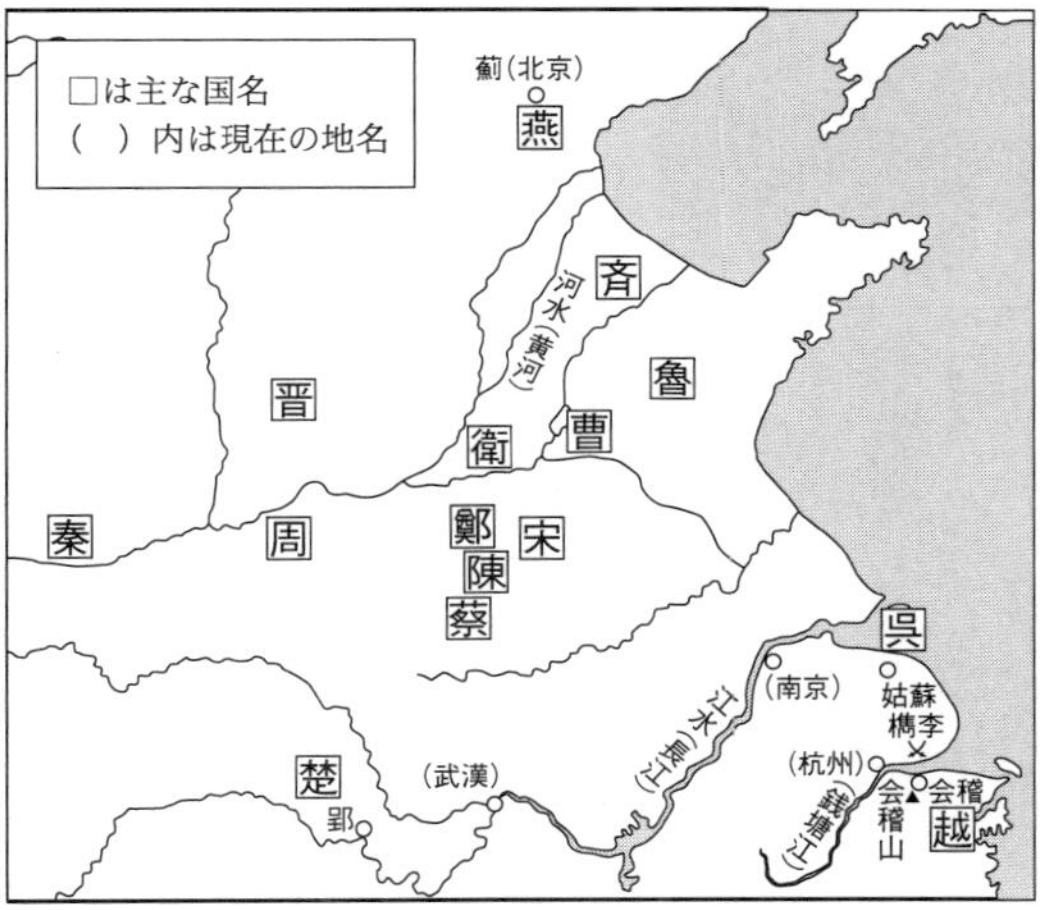

春秋時代地図

れた。伍奢は、伍子胥の亡命を聞いて、「楚の国は君臣ともに、これから兵難に苦しむであろうな。」と述べたという。

こうして、伍子胥の復讐物語は幕を開ける。めざすは父と兄の仇である。もちろん、おのれ自身の命も危険にさらされはしたが、父と兄の仇という理由の前ではそれは問題とはならない。そして憎む仇は、故国の君主である楚の平王であった。

復讐──怨み骨髄に徹す

太子の後を追って宋へ亡命した伍子胥だが、宋の内乱を避けて鄭《てい》の国へ出奔する。太子はそこで殺されてしまい、伍子胥は一人、命からがら落ち延びてゆく。どうにか長江を渡りおおせ、病にもかかり、乞食までしてようやく呉の国へと彼はたどり着く。そこで彼は公子の光《こう》を頼って呉王僚《りょう》に目通りを願い出ることがかなった。

さて、それからしばらくのち、楚と呉の間に紛争が発生する。公子光は楚の町を陥《おと》して帰り、伍子胥はさらなる軍の派遣を勧める。しかし、公子光は呉王に次のように言う。

「伍子胥の父と兄は楚で殺された。彼が楚を討つのを勧めるのは、要は自分の復讐のためなのだ。楚はまだ打ち破ることはできない。」

伍子胥の進言は聞かれない。彼は時を待った。しかし、その五年後、伍子胥が恐れていたであろう事態が起こる。仇である楚の平王が死んだのだ。自分の手で討ち果たす前に、めざす父と兄の仇はこの世からいなくなってしまったのだ。その報を知った伍子胥の心中、いかばかりであったろうか。憎んでも憎みきれぬ平王が死んでしまったことで、伍子胥の復讐は潰《つい》えてしまうのであろうか。しかし、物語は終わらない。むしろ、ここから始まると言ってよい。

公子光は、呉王僚を暗殺し、王位につく。呉王闔廬《こうりょ》である。闔廬の片腕として、伍子胥はここから存分に力を振るいだす。平王の子である昭王があとを継いだ楚を攻め、数年かけてじわじわと追い詰めてゆく。闔廬の九年目には遂に楚の都に攻め込んで、昭王は出奔してしまう。昭王を取り逃した伍子胥は、次のような行動を起こす。亡き父と兄の仇である平王の墓を暴き、平王の屍《しかばね》を引きずり出して鞭《むち》打ったのである。怨《うら》み骨髄に徹す、この恐ろしい振る舞いに伍子胥は我を忘れたのであろうか、三百回ほども鞭打ってようやく止めたという。平王の屍は粉々になったに相違ない。父と兄の仇であることももとよりだが、生前に討ち果たすことができなかった無念が、ここに至る長い時間の内

伍子胥（『呉郡名賢図伝賛』）

に彼をこの狂気へと追い込んだのであろうか。想像するだに鬼気迫る光景である。

さて、楚に対する伍子胥の復讐はここで幕を下ろす。この時からまだ二年ほど、楚と呉の戦いは続くものの、もはやそこに伍子胥の具体的な活躍は語られない。ここから先、呉の国は越の国との戦いの方にウエイトが置かれる。「呉越同舟」「会稽《かいけい》の恥」「臥薪嘗胆《がしんしょうたん》」など、今も使う熟語や言い回しを生み出すもととなった、激しい戦いを両国は繰り広げた。

結末――死んでも止まぬ怒り

伍子胥が仕えた呉王闔廬は、越との戦いで指を負傷し、その傷がもとで死んでしまう。死の間際、闔廬は太子の夫差《ふさ》に言った。

「おまえは、越王の句践《こうせん》がお前の父を殺したことを忘れるか。」

夫差は謹んで答える。

「絶対に忘れません。」

その日の夕方に、呉王闔廬はこの世を去る。ここから、呉王夫差による復讐物語もまた始まる。王位に即《つ》いて二年後、周到な準備を経て、夫差は見事に越王句践の軍を破り、句践は降伏する。伍子胥は句践の命をとるよう進言するが、奸臣《かんしん》の話に乗った夫差は句践の命を助けてしまう。結果として、句践を生かしておいたことがあだとなり、呉は復活した越に滅ぼされ、呉王夫差は殺されてしまう。そこに至るまでの間、伍子胥は、ただひたすら夫差を諫《いさ》めるやたらに口うるさい人物としてしか登場しない。夫差に疎まれた伍子胥は、自殺を命じられる。彼の最期の言葉がすさまじい。

浙江省の名勝、西湖　その美しさは、越王句践から呉王夫差に贈られた傾城の美女、西施に喩えられる

「わが墓の上に梓の木を植えよ。呉王の棺桶の材とするためだ。わが目を抉《えぐ》り出し、呉の都の東方の城門の上に懸けておけ。越の軍が攻め込んできて呉を滅ぼすさまを見てやるのだ。」

こう言って伍子胥は自ら首を刎《は》ねて死ぬ。彼のこの最期の言葉を聞いた夫差は大いに怒り、伍子胥の屍を引きずり出して馬の皮で作った袋につめて長江へ投げ込ませた、という。この馬の皮で作った袋を鴟夷《しい》と言い、それに遺骸を収めるのは一種の呪術、呪いかけであろう。まともな葬り方をされなかった伍子胥の魂は、永遠に安楽の場を失うこととなってしまった。のち、夫差は慢心ゆえに油断し、艱難《かんなん》辛苦に堪え機をうかがっていた越王句践によって、呉の国は滅ぼされる。破滅を招き死を決意した夫差は、自分が死に追いやった伍子胥のことを思い出す。伍子胥の忠言を退け、奸臣の言を信じ、今日の亡国を招いてしまった自分の愚かしさが身に沁《し》み、伍子胥はきっと自分のことをあざ笑っているだろうなと、夫差は恥じる。「子胥にあわせる顔がない。」と言って夫差は白い布でその顔を覆い、自ら命を断ったという。こうして、呉は君臣ともに、悲劇的な最期を遂げることとなった。

伍子胥の最期の言葉は、夫差と呉国に対する呪詛《じゅそ》である。王の棺桶用の材を用意しようというのはもちろん親切ではなくて、嘲笑に満ちた憐憫《れんびん》だ。そして国の破滅を予告し、高みの見物をしてやろうというのだ。彼自身、自殺を命じられたことは極めて不本意であったに相違なく、目の曇った王と自分を見捨てる国への限りない怒りが執念と化して、彼を鬼にしてしまった。彼の予告は的中した。いや、むしろ彼の怨念《おんねん》が現実を動かしたかのような、そんな気すらしてくる。

伍子胥という男、かつてその父が的確に評したように、まことに恐るべき、激しい人間であった。

伍子胥の評価

伍子胥は父と兄の復讐を果たしたのであろうか。確かにめざす仇が生きている間に直接果たすことはできなかった。何しろ相手は国王である。容易に討ち果たすことのできる相手ではない。しかし、考えてみると、伍子胥が外国へ逃れ、怨みを晴らすべく牙を研ぎ、実際にプレッシャーをかけつつある、そういう日々それ自体が楚の平王に対する復讐になっていたとも言えよう。また、屍を掘り出して鞭打ったという行為も、実は伝統中国においては充分に重い意味を持つものであった。例えば、次のような例がある。唐《とう》の時代、張瑝《ちょうこう》・張琇《ちょうしゅう》の兄弟は、父の仇である楊万頃《ようばんけい》を殺害し、彼らの処遇をめぐって朝廷では議論が分かれたが、最終的には死刑を言い渡される。北邙《ほくぼう》（現在の洛陽《らくよう》の北）の人々が彼ら兄弟のための墓を作ったが、殺された楊万頃の家族が墓を暴くことを恐れ、偽の墓をいくつも作ったという（『旧唐書《くとうじょ》』孝友伝）。復讐を果たしたことで、今度は張瑝・張琇の兄弟が楊万頃の家族にとっての仇になってしまったわけだが、彼らは官によって処刑されている。自ら手を下すことがかなわないならせめて遺骸に侮辱を加えてやろうと楊万頃の家族が墓を暴くのを防ぐために、兄弟を烈士として憐れんだ北邙の人々がダミーの墓をたくさん作って、どれが兄弟の本当の墓かわからないようにしたというのである。伍子胥の時代から千年もたっても、遺骸への復讐があり得たことがうかがわれる。つまり、死骸に鞭打つという行為は、決してただの八つ当たりではなく、復讐的意味合いは含んでいるのである。

さて、伍子胥のこの壮絶なる人生、行いは、どのような評価を得たであろうか。まずは、伍子胥の伝記である『史記』伍子胥列伝の評価を見よう（以下、伍子胥列伝の引用は野口定男氏の訳による）。前漢時代の人、司馬遷による評価である。

太史公（司馬遷）曰く、怨恨の害毒が人にあたえる影響は、すさまじいものではないか。王者でさえ、怨恨を臣下にいだかせるような行為をすることはできない。まして、同列のものにおいてはなおさらである。はじめ、伍子胥が伍奢にしたがってともに死んでいたら、螻《けら》や蟻《あり》のようなつまらぬものとなんの異なるところがあったろうか。人質にされた父の招きをことわって小義を棄《す》て、そのために父兄の讐《あだ》を報じて大恥をすすぎ、名を後世に垂れたのである。悲壮ではないか。子胥が楚の追手に追いつめられて長江のほとりで進退きわまった時には、道々乞食までしたのだが、その心志は、かたときも郢《えい》（楚の都）を忘れたことがあろうか。それ故に、隠忍して功名をとげたのである。壮烈な男子でなくては、だれがよくこれほどまでに為しえたであろうか。

冒頭の「怨恨の害毒が人にあたえる影響は、すさまじいものではないか。」という一文は、一見伍子胥を非難するものかと思いきや、実はそうではなく、それによって発奮した伍子胥の生涯に対する絶賛を導くものである。伍子胥は苦難によく堪え、志を果たした男の中の男である。司馬遷はそう言いたいのであろう。

最近紹介された上海博物館収蔵の木簡には、戦国時代中期頃の『鬼神之明』なる文献が含まれていて、そこには「伍子胥に及びては、天下の聖人なり。鴟夷せられて死す。」と書かれている。ここでもまた伍子胥を「天下の聖人」と称しており、絶賛の評価を与えている。但し、父兄の仇を討ち、呉の勢威を大きくした功績は確かにあろうけれども、「天下の聖人」という表現は、どこか腑に落ちない気もする。何かもっと平和的な面でプラスの活躍をしたとか、人徳で人を引きつけたとか、そういう人にこそ「天下の聖人」という言い方はふさわしいように思うが。ただ、『史記』伍子胥列伝の記事のみで彼を「聖人」と評価するのであれば、呉を強国たらしめるのに功績があったこと、また越王句践の人柄をよく見抜き適切な対処を献策していたことなど、確かにいくつか挙げることは可能である。

一方、伍子胥を非難する論調もある。即ち、『史記』伍子胥列伝の中に次のようなエピソードが挿入されている。伍子胥は楚から亡命する以前、申包胥《しんぼうしょ》なる人物と交際していた。この申包胥が、伍子胥が平王の遺骸に激しく鞭打ったという話を聞いて、人づてに伍子胥にこう言わせた。

あなたの讐の報い方は、ひどすぎるではないか。わたしは、「人が衆《おお》くて勢いのさかんなときは、一時は凶暴で天に勝つことがあるが、天道が定まると、その凶暴な人を誅滅する」と聞いている。あなたは、もと平王の臣下で、北面して親しくつかえたことがあるのに、いま、その平王の屍を辱めている。そのような非道をおこなっていると、天道が定まってあなたに誅罰をくだすのではないか。

申包胥のこの言葉は、間違いなく伍子胥を非難している。烈士でないどころか、非道であるとまで言う。この申包胥の非難に対し、伍子胥は次のように答えている。

私は、「日暮れて途遠《みち》し」という状態なので、道理にしたがってばかりもいられず、とうとう理にそむいた行為をしてしまったのだ。

伍子胥は、自分の行為が非道であると認めているようである。伍子胥の言う「日暮れて途遠し」とは、目的地までまだ距離があるのに日も暮れて時間的余裕がない、という焦りの気持ちを表す。楚の都に攻め込み、父と兄の仇の墓前に立ち、怨みを果たせる時が来た。まさにその時に「目的地はまだ先だ」という思いを持っていたことになる。伍子胥の目的地は、祖国の楚を滅ぼすというころにあったのだ。伍子胥は亡命直前に申包胥に「私は必ず楚を滅ぼしてやる」と言ったという。もはや王個人が仇なのではなく、祖国それ自体が仇なのだ。なるほどこれはすさまじい。父と兄の直接の仇である王の遺骸を鞭打ったくらいでは実は彼の怨恨はおさまりはしなかったのだ。怨む対象としても、その晴らし方としても、やはり行き過ぎの感はないでもない。

なお、伍子胥を非難するのは『史記』伍子胥列伝の申包胥だけではない。『春秋穀梁伝《こくりょうでん》』定公四年にも「子胥の復讐は、君臣の礼に違い、王に事《つか》えるの道を失う。」とあり、やはりその行き過ぎが責められている。君臣の関係を絶対的なものと見れば、伍子胥の行動は許すべからざる逸脱ということになるであろう。それもわからないではない。しかし、父や兄を無実の罪で殺されても相変わらず主君に忠義を尽くせと言うなら、それもまた不人情ではないか。統一なった中国では唯一なる「王に事えるの道」が存在してよいが（『春秋穀梁伝』の成立はその時だ）、伍子胥の時は違う。『春秋穀梁伝』の評価は、現在の目からはやはり腑に落ちないが、まあそれはそれで経典の道徳的読解としてはあり得るものであろう。

このように、伍子胥に対する見方は一様ではない。確かに彼は父と兄の仇に復讐を果たしたのであり、そのことは評価されつつも、故君を敵として、死骸を鞭打ち果ては国そのものを滅ぼさんとする、あまりに激しいその意志に対して、嫌悪感や抵抗感が惹起されるのもまたいたし方のないと

銭塘江の大逆流を見物する人々

ころかもしれない。

　テレビで紹介されたことがあるが、毎年中秋の名月の頃、杭州《こうしゅう》市の南を流れる銭塘江《せんとうこう》を海からの水が逆流してゆく「大海嘯《だいかいしょう》」とも呼ばれる現象がある。映像で見ても、激しい奔流、怒濤《どとう》と表現するのがふさわしい。毎年のように、見物場所が「よすぎて」波にさらわれる人がいるようだ。この銭塘江の大逆流については、怨みを呑んで死んだ伍子胥の荒ぶる魂が惹き起こすもの、と言い伝えられてきた。彼の人生をたどってみれば、確かにその言い伝えも人を頷かせるものがある。父と兄の仇討ちを果たそうとする執念、不当な死を命じられたことによる怒りの怨念、いずれも想像を超える激しさを持ち、大河の流れを逆転させることもできそうな気がしてくる。「この男ならば、やれそうだ」、と。

2　予譲の場合

発端――主家の滅亡

続いて予譲《よじょう》（本来は豫譲。以下、予譲とする）の物語を述べよう。伍子胥が仕えた呉王闔廬の即位からは七十数年後、やはり春秋時代のことである。伍子胥が父と兄の仇であるもとの主君を狙ったのに対し、予譲は亡き主君の讐を報じようとした人である。予譲の伝は『史記』刺客列伝に収められている。

予譲は晋《しん》の人である。晋は、紀元前六世紀の後半には、范《はん》氏・中行《ちゅうこう》氏・智《ち》（知）氏・趙《ちょう》氏・韓《かん》氏・魏《ぎ》氏の六卿《りくけい》と呼ばれる重臣たちに実権が移り、そしてこの六卿が相争う状況となっていた。前四五八年、重臣の一人である智（知）伯が趙氏・韓氏・魏氏とともに范氏と中行氏とを攻め滅ぼし、その領地を自分たちで分割して領有した。晋の君主である出公《しゅっこう》は怒って智伯ら四氏を討とうとしたが、逆に四氏から攻撃されて出奔し、道中で亡くなってしまう有様である。晋は、国内における権力争いの熾烈な状況下にあった。

予譲はもと范氏と中行氏に仕えたが、そこでは芽が出ず、特に目をかけられることはなかった。そこで彼は、智氏（智伯）に仕えた。智伯、姓名で言えば荀瑶《じゅんよう》という。智伯は予譲を大いに尊重し、よい待遇で彼を扱ったという。『史記』には具体的な記事はないが、何か非凡な才を持っていたのであろうか。あるいは、智伯の威勢が振るったことの背後に、予譲の何らかの働きがあったのかもしれない。

この智伯なる人物、野心家であることはともかく、傲慢で、性格に問題があったらしい。晋の国政は彼によって壟断《ろうだん》され、いずれは晋の全てを独占しようと考えていた。しかし、六卿の一人である趙襄子《ちょうじょうし》を、韓氏・魏氏と連合して討とうとした際に、韓氏・魏氏は裏切って趙襄子と結び、智伯を逆に滅ぼしてしまう（前四五三年）。韓氏・魏氏にしてみれば、趙襄子の次は自分たちのどちらかがターゲットにされることはわかりきったことであった。智伯の子孫はみな殺され、持っていた領地も趙・韓・魏で分割・領有された。それだけにとどまらない。理由は知られないけれども趙襄子は智伯を深く怨んでおり、智伯の頭蓋骨に漆を塗って酒の器にしてしまった、という。遺骸に対する当時の人の意識をここからも考えてみてよかろう。人間の頭蓋骨を使って酒器（杯）を作る、という行為は、勝者と敗者の間に成立し、殊に敗者（＝頭蓋骨のもとの〝持ち主〟）にとっての屈辱はこの上ない。『史記』では、匈奴列伝《きょうど》に、匈奴が大月氏《だいげっし》の王の頭蓋骨で酒器を作ったという話を載せる。大月氏はきっと匈奴をひどく憎んでいるに違いないと思い、前漢《ぜんかん》の武帝《ぶ》は、憎き匈奴を撃つべく、大月氏に共闘を持ちかけようと張騫《ちょうけん》を西域に派遣したのであった。

さて、戦い利あらず、敗れてのち、予譲は山中に逃れ隠れていた。恩ある主君智伯は一族もろとも殺され、領地も全て奪われて、もはや智伯の党はこの世から消えうせた。あまつさえ、智伯の頭蓋骨は酒器にされるという屈辱を受けたという。生き延びた予譲は、なき主君を想い、そしてわが身の振り方についてつくづく思う。

世に、「士は己を知るもののために死に、女は自分を好いてくれる者のために美しく飾る」、と言う。思えば、智伯さまこそ、私を知る方であった。私は智伯さまのために復讐し、死ぬこととしよう。たとえこの身は死のうとも、智伯さまに報いることができるのならば、私の魂は何ら恥じ入るところはない。

自分にとって成すべきこと、進むべき道は決まった。

こうして、予譲による復讐物語が始まる。

執念の襲撃──報告は黄泉の国で

予譲は、山から下りた。智伯のために復讐すること、それが彼のこれからの人生の目的である。しかし、この事業は容易ではない。何より、趙襄子は晋の大臣である。護衛が常に付き従い、それを突破して討ち果たすことはよほどの剛勇の者でも難しい。何しろ、予譲には同志がおらず、正面切った突破作戦はできそうにない。また、予譲はかつて智伯の恩顧を受け、方々に同行して大いに働いたはずである。となると、趙襄子もその周囲もみな予譲の顔を覚えている可能性が大きい。それではそもそも近づくことすら容易ではない。かくなる上は、姿を変え身をやつし、一人一殺のテロリストになるほかに道はない。

予譲は姓名を変え、受刑者の格好をして、趙襄子の屋敷で行われている工事のための人夫に姿を変えた。まさか、あの予譲がそのような者の中に紛れ込んでいるとは誰も思うまい。そこが狙い目である。便所の壁を塗る仕事をしながら、胸元に匕首《あいくち》を忍ばせた予譲は、趙襄子に近づける時を待った。そしてその時は来た。趙襄子がやってきたのだ。

便所へ向かった趙襄子は、そこで何か胸騒ぎを覚える。それは尋常ならざる者が発する殺気ででもあったろうか。趙襄子の目は、壁塗りをしている受刑者に注がれる。取り押さえて尋問してみたところ、あの智伯のもとにいた予譲ではないか。胸元の匕首も、もはや隠し通すことはできない。

「智伯さまのために仇を討ちたいのでございます。」

予譲の言葉に、趙襄子の護衛は色めき立ち、予譲を殺そうとする。復讐はここで潰えてしまうのか。しかし、護衛たちを趙襄子自身がとどめる。

「この者は義士である。私の方が注意してこの者から身を避けていればそれで済むことだ。そもそも、智伯は死に子孫も絶えたというに、その旧臣が仇を討とうとしているのだ。天下の賢人とせねばなるまい。」

趙襄子は、予譲の行いにむしろ感心し、彼を許してその場から立ち去らせたのであった。

この最初の失敗にもかかわらず、予譲の意志は揺らぐことはない。さらに苛酷な道へと、彼は踏み出していく。予譲は、体に漆を塗って皮膚をただれさせ、ハンセン病患者に身をやつす。さらに、炭を呑み込んでのどをつぶして声が出ないようにし、もはや見た目でも声でも判別できないようにしてしまう。効果はてきめんで、市場で物乞いをしていた予譲に、その妻も気がつくことはなかったほどであった。しかし、旧友の一人は、この物乞いを予譲だと見抜いた（となると、妻の立場がないが、それはさておき）。彼は、泣きながら、予譲に対して次のように言う。

「君の才を以てすれば、趙襄子が君を家来に取り立ててくれる可能性は大きい。信頼を得て側近になったところで復讐する、という手だってあるし、その方が簡単だろう。何だってこんな、体を傷つけたりまでして、かえって困難な道によって復讐を果たそうとするのだ。」

予譲は次のように答える。

「家来となって命を付け狙うというのは、『二心を抱く』というものではないか。それがいかに恥ずべき行いであるか、私は自分が敢えて困難な道を行くことで、それを天下に知らせたいのだ。」

先に予譲が言った「士は己を知るもののために死ぬ」という言葉を思い出そう。もし相手が自分を認めてくれるなら、その相手に対し「二心を抱いて」仕えるようなことがあっては、その時は自分が「士」たる資格を失い、見下げ果てた存在となってしまうのだ。人と人の根源的な信頼をないがしろにするような形の手段は、どれほど辛くても苦しくても、予譲の復讐にはあってはならないのだ。

さて、先の襲撃もあって、身辺警固にいっそう注意している趙襄子を殺すには、奇襲による一瞬の速攻しかない。姿形を変えた予譲は、沿道にあって趙襄子の馬車を待つ。外出する趙襄子の馬車。沿道の橋の下に潜みチャンスをうかがう予譲。またまた殺気のなせる業か、馬車が橋に差しかかったところで馬が何かに驚いて、馬車は急停止する。不審な存在を警戒する警固陣があたりを一斉に捜索する。趙襄子にはもうわかっている――「予譲がいる」。発見され、連行されてきた。

趙襄子は、予譲を責める。どうしてなのか。

「お前がかつて仕えた范氏と中行氏は、ほかならぬ智伯によって滅ぼされたが、お前は両氏のために復讐などしなかった。それどころか、智伯の家来になったではないか。智伯が死に、その智伯のためには仇を討とうとするのは一体どういうわけなのだ。」

趙襄子には、予譲の心がわからない。なぜ智伯の仇を？　予譲は答える。

「私は確かに范氏と中行氏に仕えたことがございます。ですが、彼らは私を大勢の者とひとしなみに扱いました。ですから私もそのように報いました。智伯さまは、私を国士として遇してくださいました。それ故に、私も国士として報いようとするのであります。」

そういうことだったか！　趙襄子もようやく予譲の心が理解できた。大きくため息をつき、涙を流しながらも、さらに趙襄子は予譲を責める。最期の時が来た。

「予譲よ。お前が智伯のために尽くしたという名は、もうこれで成就した。私がお前を許すことも、もはやあり得ない。さあ、どうするのがよいか、自ら考えてみよ。」

命により、警固の兵が予譲を取り囲む。復讐は遂に失敗したか。予譲が言う。

「あなたはかつて私を許してくださいました。あなたの寛恕《かんじょ》、大きな度量を誰もがみな称《たた》えております。今日、復讐を果たすことができず、誅にあうのももとより覚悟の上のことであります。しかしながら、かなうならばあなたの衣服を頂戴し、それに刃を加えて、仇を報ずるというこの志をどうにか遂げたいと思うのであります。それがかないますならば、死んでも何の怨みもございません。強いて、とは申せませんが、敢えて存念を申し上げた次第であります。」

趙襄子も大いに心動かされ、従者に自分の衣服を持ってくるように命ずる。それを渡された予譲は、剣を抜き、躍りかかって三度斬りつけ、

「これにて、地下の智伯さまにご報告ができますする!」

と言うが早いか、剣に伏して自らの命を絶った。この日、趙の心ある士は、予譲の死を聞いてみな泣いた、という。

予譲の復讐は、失敗した。亡君の仇を討つことは、ついにかなわなかった。しかし、それを理由に予譲を責め、笑う人がいるであろうか。復讐という行為の奥に潜む、人と人との結びつきをこれ以上によく示す話も少ない。

否定的評価

とはいえ、予譲に対する否定的な見方もある。戦国末期の思想家で、国家の定めた法による一元的支配を説いた韓非子《かんぴし》は、忠義の士について次のように言う。君主の尊厳を高め、国土を広めることに貢献する者、天下を太平にし、君主の名を後世に残すことに功績があった者、彼らこそ忠義の

臣というべきである。

ところが、かの予譲は、知伯の臣となっても、上は、君主に説いて法規・統御術を理解させ、それによって禍難のわざわいを免れさせることはできず、下は、自分の部下をとりしきって知氏の国を平安にすることもできず、趙襄子がその主、知伯を殺すと、予譲は自分で入墨して鼻をそぎ、すがた形をそこねて見わけられないようにし、知伯のために趙襄子に復讐しようとした。これをみると、自分の身体を傷つけ、生命を捨てて君主のために尽くしたという名声は高いが、知伯には秋はえる獣の毛すじほどの僅かな利益もない。このような行為を、私は愚劣だと思うのだが、世の君主は忠義だといって敬意をはらっている。

『韓非子』姦劫弑臣《かんきょうししん》（柿村峻訳）

韓非子によれば、臣下としての予譲の務めは、君主（智伯）の勢力を強めその名声を高めることにある、というのであろう。復讐にかける予譲の努力は確かに並大抵ではないが、それは本来知伯の生前に有効に使うべきものであった。知伯が敗れて死に追いやられた以上、予譲は有能なる忠義の臣ではないのである。韓非子の理屈はこうであろう。

しかし、これはずいぶんと皮相な見方である。韓非子の考える臣下とは、結局国家のために持てる能力を発揮すればいいだけの、機構の一部であり、要はマシーンに過ぎない。韓非子にとっては実は君主もそうであって、個々人の人間的な要素はかえりみられることはない。予譲が、范氏と中行氏のために仇討ちをすることはなく、知伯のためには仇討ちをしようとしたのは、人間としてのつながりを重んじたのであり、自己実現を成させてくれたことに応えたのである。その意味で、予譲の復讐は、自己の人間存在を懸けたものである。それを理解することなしに予譲の物語を評価することはできない。「復讐」という事象に対する理解としてもともと不充分であり、中国における人間関係の理解としては貧困としか言いようがない。

だから私は思う。この予譲の物語は、哀しい物語である、と。予譲の心にあったもの、それは自分に誇りや自信を与えてくれた人に対する感謝と思慕なのだ。その一途な思いがこの話の命である。そこを汲み取らねばならない。

3　呂母の場合

発端――愛息の誅殺

続いて、呂母《りょぼ》の復讐を見よう。このケースは、母が息子の仇を討ったという、かなり珍しい事例である。しかし、そもそも大切な人が不本意な死を遂げた場合、それを悼み、無念を晴らそうとする想いは、親であれ子であれ変わりはない、ということであろう。

この物語の主人公は呂母という。しかし、呂が姓で母が名である、ということはない。当時における女性に関するデータの通例として、本名は不明に決まっている。前漢王朝を建てた劉邦《りゅうほう》の母は、『史記』高祖本紀《こうそほんぎ》には「劉媼《おう》」と書かれているが、それが「劉家のお母さん」の意味でしかないことは自明である。それと同様、呂母というのも、呂という家のお母さん、の意であるに相違ない。しかし、まあこのことは今後の叙述に影響は及ぼさない。

彼女の物語は、『後漢書《ごかんじょ》』劉玄劉盆子列伝《りゅうげんりゅうぼんしれつでん》に載せられている。これから紹介する復讐のエピソード一つが呂母に関する唯一の記録であり、彼女と何の関係もない他人の伝記の中に、ちょっと顔を出す、という感じなのである。

呂母は、王莽《おうもう》が前漢王朝をのっとり新《しん》という王朝を立てた頃、後漢王朝成立の直前の人である。彼女が起こした事件は天鳳《てんぽう》元年、西暦なら一四年のことである。『後漢書』の書き方からすれば、王莽が皇帝の位を簒奪《さんだつ》し、悪政で民を苦しめた当時、国中至るところに反乱が勃発しており、呂母の行動もそういう流れの中に位置づけられるというところなのであろう。確かに、彼女の行動は他に類例の少ない、こうした時代状況ならではの特異なものであるのかもしれない。

彼女は海沿いの町、琅邪《ろうや》海曲《かいきょく》（現在の山東省）の人である。彼女の息子は県の小役人であった。息子についても詳細は不明である。『後漢書』には名はないが、『続漢書』という本によれば「育」という名であったという。ただ、ここでは彼の名はどうでもよい。さて、その息子、何か小さな犯罪をやらかしてしまった。『後漢書』には何も記載はないが、またまた『続漢書』によれば、息子は「游徼《ゆうきょう》」、つまり下っ端の役人であったという。役人でありつつも、素行不良なところがあったのであろうか。微罪であったのだろうけれども、県の長官はどうしたことか、呂母の息子を死刑にしてしまった。このあたりも、乱れた世における無茶無法の一環として考えればいいのだろうか。あるいは、綱紀粛正のための見せしめ・いけにえであったのであろうか。

呂母は長官を怨む。息子への不当な裁きに悲しみ、怒り、そして復讐を誓う。だが、彼女自身は一介の庶民であり、まして剛勇を誇る丈夫ではない。女手一つで県の長官相手の復讐など、到底できるわけがない。しかし、自分一人では無理であっても、方法はある。怨む相手には仮借ないが、もとは息子を思う慈母である。慈母の想いが、彼女の周りに人を集めさせてゆく。

復讐、その後――「少年」たちとともに

この呂母は実は資産家であったそうで、酒造りが生業であり、質のよい酒を作る一方、潤沢な資金で以て刀剣や衣服を買い揃えておいた。刀剣はともかく、衣服は何のためか？　そこにはちゃんとともくろみがある。

この酒屋には「少年」（原文の用語）たちも客としてやってくる。未成年者が飲酒してはいけないとかは今の話。また、古い漢文に出てくる「少年」は、単に「年若い者」の意味におさまらず、「不良少年」、今風に言えば「ヤンキー」を指していることがある。ここもそういう若者たちのことと見るのがよさそうである。

少年たちが酒を買いに店に来ると、呂母はお代は全部ツケにして酒を持たせてやってしまう。「いいから持ってきな！」という、きっぷのいいおかみさん、という調子だ。また、どうも貧相な

身なりの少年がいると、衣服を貸してやる。これも「いいから気にしないで持ってきな！」という調子で、一枚二枚どころか、たくさん持たせてやる。衣服を買っておいたのは、実はこうして少年たちを手懐けるためであった。呂母の年も、息子の年もまるでわからないが、息子はあるいはこの少年たちとそんなに違わなかったのかもしれない。また、『続漢書』によればこの息子は下っ端の役人であったというから、呂母が「少年」たちに目をつけたのは、息子の職務や交友関係によるところもあったかもしれないし、少年たちがグレてしまった家庭の環境とかも、呂母は知っていたのかもしれない。

さて、こうして少年たちに気前よく酒も衣服も持たせてやって、結局一方的に貢いでいたも同然であったので、数年たってついに資産も尽きかけてきた。少年たちもそこは気づいたようで、借りた分を償おうと呂母のもとへやってくる。ここでついに、泣きながら彼女は本心を打ち明ける。

「これまでみなさんたちによくしてきたのは、もうけを上げようなんて、そんな気持ちからではないのです。ただ、県の長官が非道にも私の子を無実なのに殺してしまったので、怨みを晴らしたいだけなのです。みなさん、どうか憐れんでやってください！」

これを聞いて、少年たちは呂母の心意気の強さに感じ入り、日ごろからとても世話になっていたこともあり、みな彼女の申し出を承諾した。こうして、呂母のため復讐を果たさんとする、ヤンキー部隊が出来上がった。中でも、勇ましい少年たちが自分たちを「猛虎」と称し、数百人にも上る勢力を集めた（なるほど、資産も傾くわけである）。

こうして集まった、呂母を中心とする少年軍は、ひとたび陸を離れて海に浮かび、そこでさらに多くの人間を招き寄せて、ついには数千もの人々を集めるに至った。その多くは「亡命」、即ち何らかの事情を抱えて故郷を出奔した人々であった。言わば無頼の集団であるが、しかし息子の仇を討つという女丈夫の呂母の決意と、それに打たれ彼女を慕う少年たちを中核とする集団の結束は固い。

呂母は自ら将軍と号し、この軍団を率いてついに海曲へと攻撃を加えて、めざす長官を擒《とりこ》にすることができたのである。長官の部下たちは叩頭《こうとう》して長官の助命を請う。しかし、呂母は言う。

「わが子の犯した罪は小さく、死刑になど当たりませぬ。なのに、長官はわが子を殺してしまわれた。『人殺しは死刑』です。助命とはまた一体何たること！」

ついに仇である長官を斬り殺し、その首を息子の墓に奉げた。まさしく本懐を遂げた、というところである。その後については『後漢書』は、「復た海中に還る」と記すのみである。船に乗って陸を離れ、どこかの島を根城にしたのか、あるいは船に乗って常に航海をしていたのか、いずれとも決しかねるものの、故郷を棄てた「亡命者」となったのである。

不当に死刑に追いやられたわが子の復讐を果たしたこの呂母の物語は、あるいは一般には馴染みが薄いかもしれないが、中国史研究者の間では有名なエピソードである。それは民衆反乱という視点からの注目であったのだが、母が息子の仇を討つ、女性が権力者を相手にする、個人ではなく徒党を組んで攻撃する、など、復讐物語としても興味深い要素を多く持つ話であり、いろいろと考えさせてくれる。特に、少年たちの行動は、単なるヤンキーの無法な大暴れを超えた、人間の絆について考えさせる材料を提供していると言えよう。先述のように、ここに出てくる「少年」たちは、世間からは厄介者、もてあまされ者である。打算があったとはいえ、呂母は彼らをまさに母として見守り庇護したのであろうし、少年たちはその「母」の想いに応えようと思った。「復讐」をしたいという呂母の心意気に少年たちは共感して助力を惜しまなかった。お上にたてつく行為であろうと、何の関係もない。仇を討った呂母もさることながら、ヤンキー少年たちの心にも想いを馳せてみるのもよかろう。

そして、呂母の行動は、不思議に「世直し」的である。「人殺しは死刑」というお上の法を持ち出して県の長官を殺害する呂母は、無法な官を懲らしめる、むしろ法の番人のようでもある。長官の気まぐれで生じた秩序の乱れを正す、呂母のせりふはそんな気概すら持っている。

4　孫臏の場合

発端——「友」の奸計

続いて孫臏《そんぴん》の話に移ろう。この人について話すのは、なかなかに厄介だ。武田信玄《たけだしんげん》の旗印「風林火山」、すなわち「疾《はや》きこと風の如し」云々の句は、中国の古典『孫子《そんし》』から採ったものだということは知る人も多いであろう。ところでこの『孫子』なる本の著者について、かつて大きな問題があった。『史記』孫子呉起《ごき》列伝に「孫子」と呼ばれる人物が二人登場しているからである。二人とは孫武《そんぶ》と孫臏である。孫武は春秋時代の人で、実は先に述べた伍子胥とともに呉王闔廬に仕えたという。孫臏は、孫武の死後百年以上たったのちの人で、孫武の末流だという。時代は既に戦国時代になっている。現存する書物の『孫子』はただ一種類なので、どちらか一人の著であろうと思われるのだが、決め手はない。昔の常で著者のあとがきもないし、『史記』孫子呉起列伝にも著書のことは出ていない。著者は孫武だ、いや孫臏だ、と名だたる学者が論陣を張って議論を積み重ねてきた。

この議論に、とりあえず一つの解決を与えたのが、一九七二年、山東省銀雀山《ぎんじゃくざん》の前漢時代の墓の発掘である。墓の中から、従来伝わる『孫子』と、別に『孫臏兵法』と称すべき内容の書物が現れ、従来の『孫子』はどうやら孫武のものであるらしいということになった。このへんの出土物語も大変に面白いのだが、それを専門に扱った本も出ているので、ここでは全て割愛する。また、さらに問題もあるのだが、本題から外れるので割愛する。ここでの問題は孫臏の復讐だ。そして、彼の復讐は、父や主君や子の仇ではない。自分自身が受けたむごい仕打ち、その仕打ちを行った人物に対する復讐である。

孫臏は戦国時代の人、斉《せい》（現在の山東省）の出身であるという。さて、孫臏と言うが、これが名であるわけがない。孫臏の「臏《ひん》」とは、「あしきる」と読む字で、要は古代に存在した「足を切断する刑罰」のことであり、発展してそれに処せられた人を指すこともある語である。つまりそれが名前であるわけがないのだ。あだ名ということはあり得ても、結局本名はわからない、ということになる。しかし、名はどうでもよかろう。彼の人生はこの「臏」によって狂いもし、また成就もした。そのことを端的に物語る「臏」という名ではある。以下も仕方がないから孫臏という呼び方で通す。

孫臏は、若い時、龐涓《ほうけん》という人物と一緒に兵法を学んだ。龐涓は学業を終えてのち、魏の国に仕え、恵《けい》王の下で将軍に取り立てられた。順調に出世をしたというところである。王に重用され、活躍して不動の地位を築いていけば先も安泰、というところであるが、彼には気がかりがある。それはかつてともに兵法を学んだ孫臏の存在である。孫臏の才は自分よりはるかに勝る、と龐涓は思っ

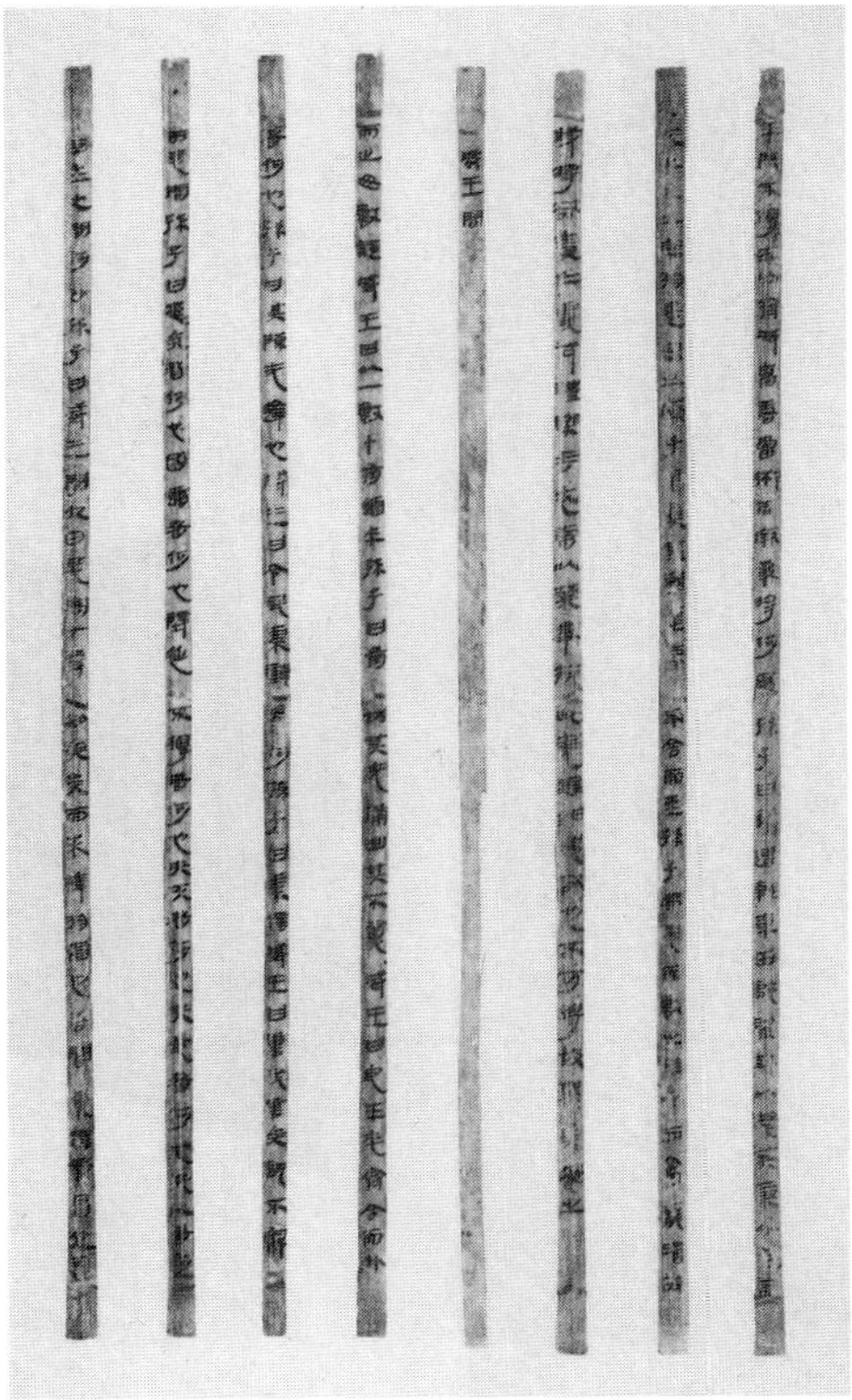

銀雀山漢墓竹簡『孫臏兵法』(『銀雀山漢墓竹簡〔一〕』)

ていた。もし彼が魏にやってきて王に目通りしたら、絶対に彼が取り立てられて、自分はよくて降格、悪ければお払い箱になるのでは、と龐涓は恐れる。もちろん、彼を敵にまわしたら、自分が負けるに決まっている。時は実力主義の戦国時代、能力のある者が出世をし、能力のある者をうまく使った国が勝利する。孫臏がいては、いつ自分の地位が危うくなるか知れない、と龐涓は不安であった。そこで、彼はついに残酷なたくらみを実行に移す。

孫臏のもとに龐涓から誘いが来る。魏に来てみないか、というのである。孫臏は当時何もしていなかったのであろうか、同門の旧友（と彼は思っていた）からの誘いに、孫臏は応じた。久々に会ってみて、龐涓は、孫臏の才能にあらためて舌を巻き、そして何より嫉妬する。この男がいては自分の将来はないと龐涓は確信する。そこで、具体的なことはわからないが、龐涓は、孫臏を無実の罪に陥れて刑を受けるように仕向けた。彼に与えられた刑罰は「臏」即ち「足切り」であり、さらに顔面へ刺青《いれずみ》を施す、というものであった。この刑罰の狙いは明らかだ。刑を受けた犯罪者であることを外見上に明瞭にし、人前に出られないようにする、ということであり、結果的に社会から葬り去るのだ。どれほど才能があろうとも、もはや孫臏が活躍することはあり得ない。龐涓は悪魔の高笑いをしたに相違ない。一方、ともに学んだ旧友への懐かしさから魏へやってきた孫臏は、運命が一転、残酷な刑を受け、魏の都に抑留されたままの身となってしまった。人の心とは、まことに測り知れないものである。自分は友と思っていたのに、相手は自分を妬み憎み、果ては陥れようとするとは。このあまりの運命に、孫臏は落胆もし、呪いもしたであろう。しかし、ただ嘆いていては、いっそう屈辱がつのるだけである。まずは、この囚われの身を解放し、逃れねばならない。

チャンスがめぐってきた。故郷、斉の国の使者が魏の都、大梁《だいりょう》へ来たのである。表立っては無理ながら、孫臏は人を頼って使者に会う機会を作り、そこでおそらくは外交や戦争などに関する所信を述べたのに相違ない。使者は彼の才を認め、帰国の折にこっそりと彼を車の中に隠して連れ帰った。

ひとまず、危機からは逃れた。龐涓の策略で人前に出られぬ身とされてしまったことは、悔やんでも悔やみきれないが、この怨みを晴らすには復讐あるのみ。孫臏がその才を存分に活かしての復讐が始まる。ここから先、龐涓は、まさしく孫臏に手の中で転がされる運命をたどってゆく。

復讐――「この樹の下にて死なん」

斉に戻ることができた孫臏は、斉の将軍である田忌《でんき》に目をかけられ、客として彼のもとにとどまり、さまざまなアドバイスを行う。田忌はあらためて孫臏の才能に感心し、当時の斉の王、威《い》王に推薦する。威王は孫臏に兵法を問い、ついに彼を師と仰ぐまでになる。こうして、伍子胥の時と同様、孫臏の復讐は、国と国との戦いの形をとることになる。それ故、これまた同様に、成就するまでの期間が長い。

十数年たち、その時が来る。魏と趙が韓を攻め、韓は斉に助けを求めた。斉はさっそく田忌に命じて魏の都大梁をめざして出撃させる。魏の龐涓はその報を聞き、韓から引き返そうとする。その時にはもう斉の軍は国境を越えて迫っていた。ここで孫臏は田忌将軍に策を授ける。

「魏・趙・韓の三国はもともと勇猛で、斉の兵を侮り臆病者と馬鹿にしております。これを逆手にとりましょう。敵は我々を臆病だと思っているのですから、その通りに弱みを見せてやれば、敵は必ず図に乗って取って返し、こちらの策にはまります。こうしましょう。わが軍が魏に侵攻した初日にはかまどを十万個作らせます。翌日には五万個作らせます。その翌日には三万個作らせるのです。」

かまどの数が減ってゆく、即ち兵士が逃亡している、と敵に思わせ油断させる作戦だ。

田忌将軍はこの策を実行する。軍を返してきた龐涓は、斉軍の様子を見させて、この状況を聞き大いに喜ぶ。

「斉の兵が臆病だとは聞いていたが、いや全くその通り。魏に侵入して三日で、もう兵の半分以上が逃げおったか。」

龐涓は迎撃にかかる。しかもその際、大規模な歩兵部隊は置いて、軽騎兵のみを引き連れてとにかく猛スピードで襲う策をとった。おかげで、通常なら二日かかるところを一日で進むというハイペースで進軍した。これこそ、孫臏の狙い通りであった。

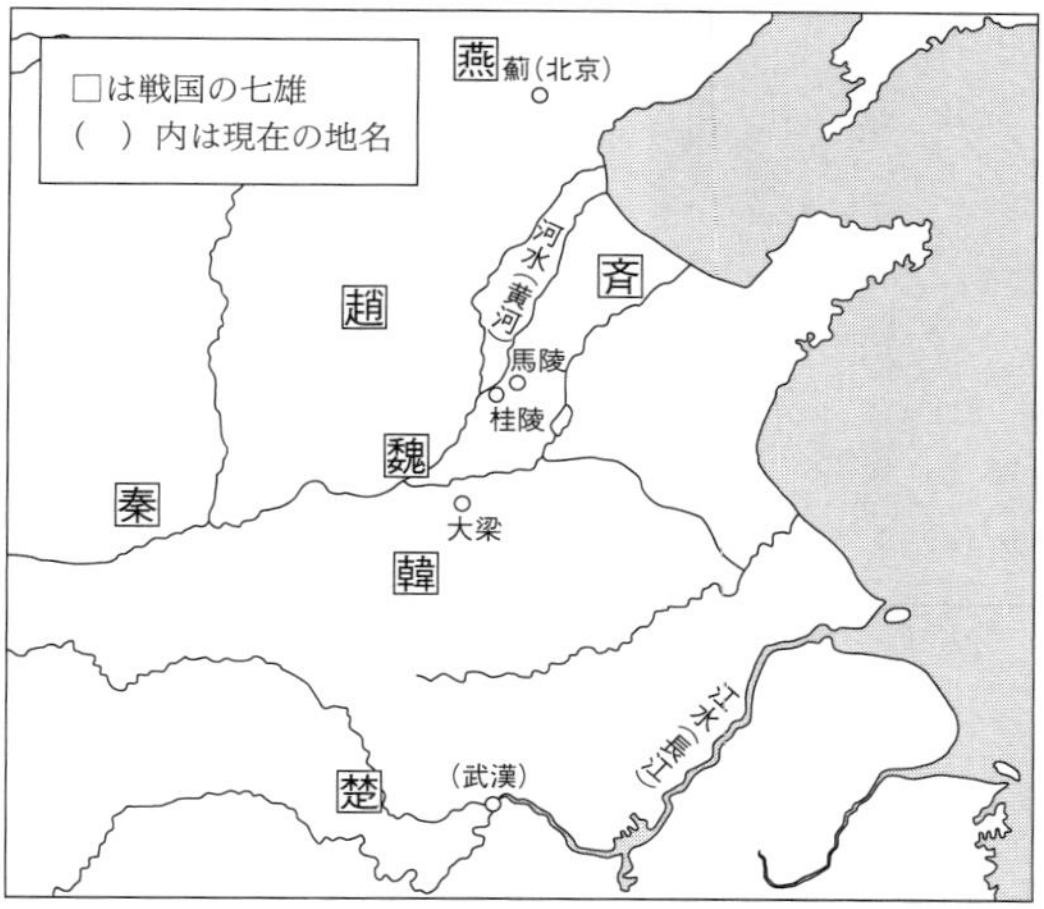

戦国時代地図

魏軍来襲の情報を逐一把握していた孫臏は、決戦の場所を定める。魏の軍は夕暮れに馬陵《ばりょう》の地へ到達すると予測された。馬陵は、道が狭く、両側には険しい箇所が多い。敵は縦隊にならねば進めず、両側に伏兵を置いて攻撃するのに絶好の地形である。

孫臏は、路傍の大樹の皮を剝ぎ、表面を白く削らせた上で、

「龐涓、この樹の下にて死なん。」

と書いた。そして、斉軍の中でも腕のいい弓手たちには、大量の矢を持たせて道の両側に配置して攻撃体制を整え、

「夕暮れに火がともるのが見えたら、一斉に矢を放つのだ。」

と指示をした。

龐涓は、孫臏が予測した通り、馬陵に現れた。細い道を進んでいると、路傍の木の表面が白く見え、そこに何か書かれているようである。しかし暗くて読むことができない。龐涓は火をともし、書かれた文字を読もうとする。

「龐涓、この樹の下にて……」

読み終わるより先に、火を合図に放たれた斉軍の大量の矢が魏軍に襲いかかる。攻める側には絶好の地形、そして稀代の軍師孫臏が練り上げた作戦。魏軍は大混乱に陥り、退却もできず迎え撃つこともできない。龐涓は気づく。今この馬陵の奇襲攻撃だけではない。毎日かまどを減らして脱走兵が多いように見せかけたところから、もう全て孫臏の術中にはまっていたのだ。自分が少数の兵で追撃してくることも、予想されていたのだ。龐涓はあらためて思う。やはり孫臏は自分がかなう相手ではなかったのだ、と。

「とうとうあの小僧に名を成させたか。」

龐涓は自ら首をはねて死ぬ。斉軍は、勝ちに乗じて魏軍を追撃して大いに打ち破り、魏の太子申《しん》を捕虜にして引き上げるという戦果を得た。この勝利によって孫臏の名は天下にとどろき、その兵法も世に伝わることとなった、という。

以上が『史記』孫子呉起列伝に記される孫臏の復讐物語である。

苦いエピローグなど

孫臏は確かに復讐を成し遂げた。彼の一生を狂わせた龐涓は死んだ。しかも、万事が孫臏の描いた筋書き通りに進み、国としての軍事的勝利はもとより、軍師個人の才としても非の打ちどころのない孫臏の完勝である。しかし、何という苦い勝利であろう。友人だと思っていた人物の裏切り、嫉妬や憎しみ。人の心とは何とうかがい知ることができないものであろう。復讐は果たし得たが、孫臏の心を埋める何かは生まれてはいないのではないか。自分のための復讐とは、こうした苦さしか残らないものなのか。

孫臏が斉の軍師となって、その持てる能力を存分に発揮できるようになってからは、龐涓はもう完全に彼の敵ではなかった。初めから結果のわかっていた勝負であった。孫臏としてはどのタイミングで龐涓を破滅させるかというくらいのものであったろう。龐涓の敗北と死は、孫臏にいまさらさほどの満足感も充実感も与えなかったに相違ない。

このいわゆる馬陵の戦い以後の孫臏の事績は、『史記』孫子呉起列伝には何も記すところはない。

ここから、孫臏はどうしたのであろう。謎として残るだけである。最初に述べたように、孫臏の臏は、もとは彼が受けた刑罰の名であり、孫臏とはよく言ってもあだ名であって、つまり彼の真の名は知られないのだ。物語一つ（著書も?）残して、歴史の中に消えた人であるとも言えようか。

さて、最後に再び新発見『孫臏兵法』の話に戻る。この『孫臏兵法』の中に、大変に気になる一篇がある。タイトルを「擒龐涓《きんほうけん》」という。「擒」とはとりこにすること、要は捕虜にすることだ。つまり、「擒龐涓」とは、「龐涓を捕虜にした」ということであり、事実、「擒龐涓」篇には、孫子（孫臏）が桂陵で相手を撃ち破って龐涓を擒にしたと書かれている。しかし『史記』では、龐涓は馬陵で自殺しているのであって、大いにくい違う。

さあ、この違いはどういうことか。どっちが正しいのか。孫臏はやっぱり謎の人物である。

有名復讐譚の見方

以上、有名な復讐物語を少しだけ挙げてみた。成功しなかった者も入れておいたが、成功したか否かは復讐と認める基準ではない。失敗には終わったが、予譲の物語は復讐譚という他はあるまい。

いずれの話も、復讐者たちは、不当な仕打ちに対して怒り、執念を持って復讐に臨んでいる。無惨に命を奪われた者の「無念」、非道を行った者への怒り、容易に理解できる（共感すらできる）明白な動機が我々にも伝わってくる。彼ら復讐者が抱いた怒りや悔しさに対しては、何の説明を加える必要もあるまい。また、赤穂浪士の討ち入り前の苦労話のようなものは伝わらないにせよ、それぞれの事例で多くの困難を乗り越え、目的を遂げようとする強固な意志もひしひしと感じられる。直情径行、衝動的なものではない。そして伍子胥や孫臏の例では、自分の復讐のため、国家間の戦争にまで発展するが、そのことに何のためらいもないように見える。全てを犠牲にするという時には、他人をも巻き添えにするのだ。

また、復讐という目的の遂行のためには、たとえ自分が死のうとも、罪に陥ろうともかまわない、という意気も感じられる。合法的に復讐を成し遂げて、成功後は自分は悠々自適に暮らすとかいうような根性はかけらもない。復讐を果たすことそれ自体が人生の目的になっていることも注意しておいてよかろう。

ここまで見ての通り、中国における復讐とは、めざす仇を殺害することを意味する。相手を失脚させるとか、相手の家庭をめちゃくちゃにするとか、破産させるとか、相手の人生を台無しにはするけれども、めざす仇はまだ生きている、というのでは復讐したことにはならない。「バカ」と書いた紙を相手の背中に貼っておいてみんなで笑いものにした、というのも復讐ではない。次章で詳細に見るが、儒教の経典がはっきりと言うように、仇を生かしておいてはいけないのである。復讐は、本質的に殺人であるということ、まずこの点を知っておかねばならない。それ故、この本が扱う内容はいかにも「R—15」的、血みどろなものになってしまった。

また、日本の仇討ちは武士の専売特許的イメージだが、中国の仇討ちは特定の身分階級に限定されない。王侯貴族から庶民まで仇討ちは行われ、むしろ庶民の方が記録としては多いかもしれない。上記の呂母のように、民間人の一婦人による復讐もあり得るのだ。また、武士の仇討ちが、身分を守るための一種の義務であり、家を守るための方策のようで、成功した暁には実利が得られるのに対し、中国の復讐にはそれはない。先に述べたように、復讐は殺人なのであるから、国の法によって死刑になったケースもあって、復讐を果たすといいことがあるとは言えない。確かに減刑にされたり、果ては誉められて幸福な余生を送ったりしたケースも少なくない。しかしながら、初めからそれを見込んで（お誉めを当て込んで）復讐に乗り出すのならば、それは甘いと言わねばならない。後に紹介するように、人生を棒に振ったり、返り討ちにあったりしているケースもあるのである。

以上、まずは中国史上から有名な復讐物語を四つ紹介した。日本やヨーロッパの有名な復讐と同様な話があることは、とりあえず理解していただけたであろう。資料を探っていくならば、中国における復讐物語はまさに枚挙に暇がないほど数多い。それが、上記のように「無念」や「悔しさ」を動機とするだけであれば、いかにも感情的で野蛮なものとしか受け取られかねない。しかし、実は中国における復讐は、現代日本人である我々がイメージする復讐とは、動機も方法も評価も違う。そもそも、人間についての根本的な理解の仕方が違い、形成していた道徳が違うのだ。そのことを、章を改めて、以下、多くの事例によって見ていこう。

II

道徳としての復讐

復讐を支える根拠

次章以下、中国における復讐の実例を多数見ていくことになるが、それに先立って確認しておかねばならないことがある。それは、復讐をする目的は何か、ということである。父を殺害した仇《かたき》を討ち果たしたところで、亡くなった父は生き返りはしない。仇を討った自分は殺人者として裁かれる運命にもなる。それにもかかわらず、多くの者が復讐を行った。耐え難い苦労を重ね、多くのことを犠牲にしつつ、それでも復讐をめざした。それはなぜであっただろうか。復讐をすれば、実はいいことがあったのだろうか。あるいは、復讐とは、むしろしなければならないものだったのであろうか。単に悔しいからとか、腹が立ったからとかいう次元を超えた何かがあったのではないだろうか。

繰り返しになるが、復讐はまごうことなき殺人行為である。殺人はまことに恐ろしい、人生において無縁でありたい行いである。「殺人」という言葉に換言されてしまうとそういうことになるが、しかし、復讐という言い方をすると、受け取り方は違ってくる。それは、復讐というからには、復讐者はかつて何か不条理な扱いを受けてひどい目にあわされたに相違なく、それならばそういう扱いをした側の者は当然相応の報いを受けねばならない、という理屈であり、共感である。お互いの間に何があったかは、まあよくわからないけれど、復讐されるほどの何かひどいことをしたのだろう、復讐される奴が悪い、と決めてかかる。大概の場合、復讐した方は賞賛され、罪に当たろうとも同情は寄せられる。事情を聞いて、もし復讐した側に非があるとみなされれば、それは「復讐」ではなく「逆恨み」と呼ばれて評価はマイナスへと逆転する。行為の呼び方が変えられることで、「復讐」は汚されずに守られるのだ。

日本の仇討ちのもっとも有名なる「忠臣蔵《ちゅうしんぐら》」、赤穂《あこう》四十七士の吉良《きら》邸討ち入りは、ニュース風に事実を並べれば、「お年寄りの家に、深夜、大勢の者が乱入して、殺人・傷害・破壊活動を行った」ということになるが、そういう表現であの事件を受け取る人はいないだろう。現在でも忠臣蔵モノのドラマや映画を見て、「忠義の武士、よくぞやったり！」とは言おうとも、「このような大量虐殺行為は許されるものではない」というコメントは、まあ出てくることはあるまい（そうなっては、大河ドラマはネタに困る）。吉良が本当はどのような人であっ

歌川広重「義士仇討之図」より
（赤穂市立歴史博物館蔵）

たのか、浅野内匠頭《あさのたくみのかみ》と何があったのか、そういうことを深く追究はしないまま、復讐した側に同情や共感を寄せるのが、一般的な風潮であろう。そこには復讐を正当化するような合理的な根拠はない。ただ単に同情や共感というだけである。

中国の復讐には、このような同情や共感ももちろん寄せられたが、無学な庶民の感情論にとどまらない、何よりそれを是認し正当化する由緒正しい根拠がある。それは儒教の経典《けいてん》である。以下にそれを見ていこう。

不倶戴天の仇

中国の思想史の「本流」として影響力を持った儒教の経典、テキストは、一般には「四書五経《ししょごきょう》」の語で知られている。四書は、『論語』『孟子《もうし》』『大学』『中庸《ちゅうよう》』、五経は『易経《えききょう》』『詩経』『尚書《しょうしょ》（書経）』『春秋』『礼《れい》（礼記《らいき》）』というように、とりあえずは当てておこう。これはきちんと解説しようとすると大変長く、また難しいことを書かねばならなくなるので、ここではまあこれで足りるとしよう。

復讐に関する記述は、このうちで『礼記』にあるのがもっとも有名であろう。まずそれを次に掲げる。『礼記』曲礼《きょくらい》篇にある文である。

父の讎《あだ》は、與《とも》共に天を戴《いただ》かず。兄弟の讎は、兵に反《かえ》らず。交遊の讎は、国を同じうせず。

現在でも使うことのある「不倶戴天《ふぐたいてん》の仇」という言葉の出典である（但し、『礼記』には「不倶戴天」というそのままの句はない）。「父の仇とは天をともに戴くことはない」とは、いささか持って回った表現だが、「同じ空の下に存在することはできない」ということであり、親の仇か自分のどちらか一方は生きていてはならないということである。それで親の仇を生かしておいて自分は死ぬという人はいないであろうから、手っ取り早く言えば、「親の仇は生かしてはおかない」ということだ。続く「兄弟の讎は、兵に反らず」もまたまどろっこしい表現である。ここに言う「兵」とは武器のことで、「兵に反らず」とは「武器を取りに家へ帰らない」の意味である。それでもまだわかりづらいが、「兄弟の仇を見かけたら、武器を取りに家へ戻ったりしては相手を取り逃すかもしれないから、素手であろうと打ちかかって相手を倒せ。」ということのようだ。誰もが格闘家ではない以上、素手は相当厳しいが、要は仇を狙う気魄のことを言っているのであろう。出会った時が決行の時であり、「復讐に明日はない」のである。なお、注釈によってはここの「兄弟」を「親の兄弟」つまりおじのことと解しているが、そうするとまさに自分の兄の仇について言及がないことになり、おかしいと思う。おじの仇はまずおじの子が討つべきもので、つまり「父の仇」の記述で事足り、敢えて触れずともよかろう。兄弟はあくまでも自分の兄弟の意にとりたい。最後の「交遊の讎は、国を同じうせず」は、友人の仇への対処である。「国を同じうせず」と言うのだから、この場合には居住する国さえ別々ならば仇は生きていてもいい、ということになる。血のつながらぬ友人の場合には、血のつながった肉親である父や兄弟の場合とは違って、さすがに対処がマイルドになっている。

『礼記』には、復讐についてさらに別な記述もある。次は、檀弓《だんぐう》篇にある文である。

子夏《しか》が孔子先生に質問した、「父母の仇が生きております。いかがいたしましょうか」。先生は答えた、「苫《むしろ》に寝て盾を枕にするような苦労にも堪え、官に仕えることもせず、仇と天下をともにしてはならない（＝生かしておいてはならない）。万が一仇と朝廷で出会ったら、武器を取りに戻ったりせずに即刻闘え」と。子夏はまた質問した、「では、兄弟の仇が生きておるならば、いかがいたしましょう」。先生は答えた、「同じ国にともに仕えるようなことがあってはならない。もし、主君の命を受けて使いとなったならば、（公人としての任務が第一だから）出会っても闘ってはならない」と。

孔子と、弟子の一人である子夏との問答である。父母の仇は生かしておくな、どんな苦労をしても討ち果たせとの教えである。兄弟の仇については、ここでは「同じ国にいるな」と言うが、同じ『礼記』でも先の曲礼では「出会ったら即刻討ち果たせ」と言っていたのと食い違う。もともと雑駁な編集ものの本ではあるのだから、こうした違いをあげつらっても意味はない。結局、父母の仇は殺せ、というのが聖人孔子の教えである、ということがわかればそれでよい。なお、「国」というが、これは孔子の当時、中国は多くの国に分裂していたことからこういう言い方が成り立つので、中国以外の国を意図したものではない。

『礼記』は、『儀礼《ぎらい》』『周礼《しゅらい》』とともに、儒教における礼の経典の一つであり、総則風なものから雑駁なものまで広い範囲の礼に関する内容を含む書物であって、内容的には戦国時代以前のものを含みつつ、前漢時代に成立したと考えられる。後世、高級官僚になるための超難関試験である科挙の出題範囲にも入っており、二千年以上にわたって礼の教科書として尊重された書物である。伝統中国においては、学問とは儒教のことであるから、学に志したものは必ず『礼記』を読み、上の文章も当然読んで知っていた。

ここで一言しておきたいのは、経典の持つ意味である。「教科書」という表現をとると、どうしても現在の教科書のことを念頭においてしまうので誤解が生ずる。現在の教科書は、学問的成果を踏まえつつも、とりあえず現在における常識的なところをあたりさわりなくまとめたものに過ぎない。それ故、学問の最先端の成果は載せられず、殊に歴史の分野では十年二十年前の説が堂々と載せられて現場で教えられるということが、ごく普通である。そして、内容は定期的に改訂され、むしろ変えられてゆくもの、と誰もが思っているであろう。しかし、儒教の経典は違う。それは、過去に出現した聖人が発見した真実、到達した崇高な境地を記した永遠不滅の書物なのである。自分たちが生きているこの世界を貫く原理が、人としてとるべき道が、社会のあるべき姿が、その中に凝縮して載せられている、そういう「真理の書」なのである。経典の内容は深遠で、学びつくすことは困難であり、凡人が疑問をさしはさむことなどまことに恐れ多い。

そうした本の一つである『礼記』に、「父の仇は生かしておいてはいけない。兄弟の仇は出会ったら即刻討ち果たせ。」と書いてあるのだ。そのことの持つ意味は大きい。仇討ちという行為が、たとえ現象的には殺人であろうとも容認される、正当な根拠がここに提供されているのである。これは、偉大なる聖人の教えなのだ。世界の成り立ちを説き、人間の道を教える、権威ある書物に確かに記されていることなのだ。疑う理由も、まして逆らう理由も存在しない。

但し、一般の庶民は決してこうした書物を読んでいたわけではない。庶民は、庶民としての正義・道徳から復讐を行っている。それが、こうした儒教の聖人の教えと合致していた、ということだ。こうした礼教に強く拘束されたのは、復讐事件を裁く官の側、朝廷にいる士人たちであった。つまり、朝廷側は庶民よりもいっそう復讐を是認する方向に傾くことになるのであった。そのことはまた後の章で見ることになる。

復讐の有効期限

経書の記述をもう少し見てみよう。

『春秋公羊伝《くようでん》』荘《そう》公四年には、祖先のために子孫が仇を討つ場合、一体どれほど遠い祖先についてまでそれは可であるかについて、次のような説が載せられている。

九世も猶《な》お以て復讎《ふくしゅう》すべし、百世と雖《いえど》も可なり。

九世代も前の祖先の復讐も行うべき、百世隔たっていても復讐はあり得る、との何とも極端な説を唱えている。百世とはどのくらいになるか。孔子の子孫が現在も続いているが、目下のところ、最も若い世代で第八十数代であるらしい。とすると、春秋時代（紀元前六世紀）からの家系でも、実はまだ百代にもならない。二千五百年でもまだ百世（百代）には足りないのであって、そうすると『公羊伝』の説はあまりにも非現実的であることが明らかであろう。二千五百年前にうちの祖先が隣の祖先を殺害して、そしてまさにこの二十一世紀の現代に「祖先の仇!」としてこちらが殺されたりしたらたまったものではない。まあ、意欲の問題として受け止めておけばよいと思うが、それにしてもこういう極端な言説は実のところ感心はしない。

これほど激しい考え方を一方には言いながら、『公羊伝』には次のような文もある。

父、誅を受けざれば、子、復讎するは可なり。父、誅を受け、子、復讎するは、推刃《すいじん》の道なり。

もし父が何か法に触れるようなことをして処刑されたのでないならば、子は復讐してもよい。しかし、父が法によって処刑されたという場合であれば、子が復讐を行うのは、復讐(殺人)の連鎖を招き、よろしくない、というのである。「誅を受ける」というのは、父の死が正当なものであり、正義に基づくものである、ということを意味するので、その場合には、子には復讐をしていい道理がない。復讐は、父が殺されたならやみくもに行っていいものではなく、不当な死に対する怒りの表明としてなされるものでなければならない、という意味である。「有効期限」というのではないが、復讐と認定されるかどうかの判断基準としてこのポイントは有効だ。しかし、百世でも復讐はやれという、前述のような激しさと何か相容れないものを感じてしまう。父の死が誅によるか否かで復讐の可否が問われるなら、結局子の心情などは無関係になり、復讐はお上のご都合しだいという印象すら受けかねない。『公羊伝』の言う復讐は、妙な言い方だが、純粋ではない感じがする。

また、右の『公羊伝』の文の後半にある「推刃の道」とは、刃《やいば》による殺人が繰り返されることを意味する。AがBを殺害し、Bの息子がAを殺害して復讐し、今度はAの息子がBの息子を殺害して復讐し、さらに今度はBの息子の息子がAの息子を殺害して復讐し……、という応酬を繰り返していると双方ともに全滅してしまう。それを推刃の道と言うのである。これはあまりにも痛ましい、憎しみの連鎖であり、何も生み出すことがない。さすがにそれは止めよと言いたいのである。

孝道としての復讐

先に見た『礼記』に言うところは、あらゆるケースを内に含んだ復讐事案ではなく、父母の仇、特に父の仇討ちを念頭に置いている。子は父のために復讐せねばならぬ。無念の想いを呑んで死んだ親のために仇を討ち果たすことは、親孝行であり、復讐とは孝道である。

日本には「親孝行、したいときには親はなし」ということわざがあり、孝行は親の生前に行うものであるが、中国における孝行は親の死後にも続くものである。例えば、貧相な葬儀などはそれ自体親不孝であり、喪中に快楽に耽《ふけ》るのも不孝であり、刑法に罰則規定があるほどだ。なお『孟子』によれば、子孫断絶こそが究極の不孝であるとされる。

以下の章で紹介する復讐事案が上聞に達した際、親の仇を討ち果した者は、朝廷からは「孝子」と呼ばれる。復讐は確かに違法行為たる殺人だが、「孝子」の心を思えば、刑を加えるには忍びない、という意見がよく出てくる。殺人の動機が復讐であれば、限りなく同情を誘い、罰すべき悪い行為であるどころか、逆に大いに誉め称えようという主張が有力になる。それほどに、親の仇を子が討つという行為は意義が大きいのだ。次の話を見てみよう。北宋《ほくそう》時代初期の話である。

劉斌《りゅうひん》は定《てい》州の人である。彼の父である劉加友《りゅうかゆう》は、端拱《たんきょう》年間（九八八〜九八九）中に従弟の劉《りゅう》志元《しげん》によって殺された。斌ら兄弟はまだ幼く、母が再婚するのに付き従った。母は彼ら兄弟に、「お前たち。大きくなったら必ずお父さまの仇を討つのですよ。」と戒めた。景徳《けいとく》年間（一〇〇四〜一〇〇七）、斌ら兄弟は刀を持って劉志元を路上で待ち伏せ、刺したものの死には至らなかった。斌ら兄弟は役人へ事情を訴え、州でも調書をまとめて中央へ奏上し、劉志元は顔に刺青《いれずみ》の上で汝《じょ》州へ懲役囚として流し、斌ら兄弟は罪を許された。

『宋史』孝義伝・劉斌

この例では、夫を殺された母が、子供に復讐せよと教育している。現代的観点としては、子供の将来を考えたよい教育とは言えまい。仇討ちの実行に際して子供たちが死ぬ可能性もあり、また成功したとしても再婚先に迷惑がかかる恐れもあろう。しかし、妻にして母である彼女の願いは子供たちが復讐を果たすことにあり、子もそれを確かに受け止め、実行の後はお上もそれを認めている。当時の考え方としては、こういう方向性で妥当なのである。なお、この例は、劉斌らの復讐のきっかけとなった、劉志元による劉加友殺害事件の事後処理がお上によってなされているところが目を引く。本来ならば、劉志元は命を狙われた被害者であるわけだが、むしろ以前に行った悪事の裁きが彼には科されてしまった。しかし、次章で見る多くの例のように、復讐とは殺人なのであるから、命が助かっただけ劉志元は幸運とせねばならぬ。

さて、復讐を行う庶民たちは、先に挙げたような経書を直接読んでいたわけではない。しかし、経書に書かれている内容がことわざ風に彼らの耳に入っていることはあったようであり、それが彼らを動かすもととなっている。例えば三世紀頃、ある母親が娘に語った言葉は、「父母の讐《あだ》は、天地を同じうし日月を共にせず。」（『三国志』魏《ぎ》書・龐淯《ほういく》伝、裴松之《はいしょうし》注に引く皇甫謐《こうほひつ》『列女伝』）である。『礼記』曲礼の文に比べて父だけではなく母も入り、また「日月を共に」という句が入って天地だけではなくもっと宇宙的スケールになっている。またそのやや後の時代には、王広《おうこう》という人の娘が

「吾《わ》れ聞く、父の仇は天を同じうせず、母の仇は地を同じうせず、と。」と言っている（『晋書《しんじょ》』列女伝・王広女）。今度は、父母と天地とを分けて組み合わせた作りの対句風の言い回しになっていて、いかにも調子のよいことわざのようだ。経書の文そのままでないことはもちろん、もっと耳に馴染みやすく、平易な印象を受ける。この方が庶民としては受け入れやすいであろう。また、五胡《ごこ》十六国の一つ、前秦《ぜんしん》の符堅《ふけん》の兄の子である東海公陽《よう》の言葉に「礼にいわく、父母の仇は天地を同じうせず、と。」（『晋書』符堅載記《さいき》）とある。「礼にいわく」と言いながら、先に引いた『礼記』曲礼の「父の讎は、與共に天を戴かず。」とはずいぶんと違うし、他の経書にもこういう文はない。朱子学《しゅし》の祖である朱熹《しゅき》（朱子）は、当然経書を熟知していたはずだが、その大学者の彼にしても「君父の仇は、與共に天を戴かず。」（『宋史』朱熹伝）と言っており、正確な引用ではない（もっともこの朱熹の言は当時の政治的状況に合わせた臨機の発言ではあるが）。

以上のようなヴァリエーションは、親の仇は生かしてはおかぬ、という精神とその趣旨を表す言い回しがあって、それが経書のような由緒正しい根拠に基づくものという思い込みが、人々の間に共有されていたということではないだろうか。一字一句同じではないにしても、趣旨においては確かに一致するから、これはこれで充分であろう。耳に馴染んだこういう言葉に突き動かされ、そして信念を確信に変えつつ、庶民も復讐へとわが身を駆り立てていったのである。

III

歴代復讐譚

復讐は暴力である

本章では、主に、王朝を単位として書かれた歴史書、いわゆる正史から復讐物語を抜き出して紹介する。

もちろん、中国の書物はおびただしく、ありとあらゆるジャンルの本に復讐物語は書きとめられている。しかし、例えば次のような話はどうであろう。

魯《ろ》の国の人が、斉《せい》の国で父の仇《かたき》を討ち果たした。腹を抉《えぐ》って心臓を現すと、座して冠を正し、立ち上がって衣服を改め、ゆっくりと進んで門を出で、馬車に乗ってもゆっくりと進ませ、顔色を変えることはなかった。御者が速度を上げようとすると、かの人は御者の手を押さえ、止めさせて言った。「今日、死力を尽くしたのは父の仇を討つためであって、自分が生き延びようとしてのことではない。今、事も成就した。どうして逃げる必要があろう?」と。追いかけてきた者は、これを聞いて、「行いの正しい人だ。殺してはならない。」といい、囲みを解いてそのまま行かせたのであった。

『淮南子《えなんじ》』人間訓《にんげんくん》

これは、「無理に生きようとしてかえって死んでしまい、死を軽んじてかえって生を全うし、ゆつくり行ったおかげでかえって早く進む、ということがあるのはどういうことか？」という逆説についてのサンプルとして、挙げられたものである。人名もなければ、時代を絞っていけるヒントもない、実話である可能性が極めて薄い話である。こういう話まで拾い上げていては、きりがないし、また意味もないであろう。それ故、まだしも実話の可能性のある正史類をとりあえず主対象とするのである（もちろん、正史の中なら全て実話ということではない。それは念を押しておく）。

また、次の話も見てほしい。

虞《ぐ》氏は、梁《りょう》の国の大富豪であった。高楼に上って大通りを見下ろし、音楽を奏でさせて大宴会。サイコロ賭博で大盛り上がりというところ。おりしも、街の侠客《きょうかく》どもがぞろぞろと高楼のもとを通りかかったところ、上空を飛んでいた鳶《とび》がくわえていた腐った鼠の死骸を落として、それが侠客に当たってしまった。ちょうどその時、高楼では賭けで勝った者が大騒ぎで、大喝采が起きる。侠客たちは（虞氏が腐った鼠を自分たちに投げて辱めて笑いものにしたと思い込み）、「虞氏はしばらく景気がいいが、それでもって人を馬鹿にしてやがる。俺っちが何にもしねえのに、腐った鼠を投げてきて俺っちを馬鹿にしやがる。これで仕返しもしないでいた日にゃあ、俺っちの男が立たねえ。みんなで寄ってたかってやつらを滅ぼしてやろうじゃあないか！」といい、みな同意した。決行の夜、仲間を集め武器を用意し、虞氏の家を攻撃して一族を滅ぼしてしまった。

『列子《れっし》』説符《せっぷ》

金持ちの虞氏に侮辱された（と思い込んだ）チンピラが、家を襲って（本当は無実なのに）全滅させたという乱暴な話である。こういうのは、事実を確かめないままの勘違いによる逆恨みというべきで、やはり本書が扱う「復讐」話には入れられない。以下に挙げていく事例でわかるように、「復讐」として成り立つためには、他人から共感されるような要素が必要である。

さて、本章で取り上げる事例では、主人公はおおかた庶民である。のちに大物になった者も何人か現れるけれども、まだ有名になる前の話であり、立場としては庶民とさして変わりはない。地位や権力に頼らず、復讐に身をささげた人々の、その心ばえたるや、どのようなものであっただろうか。特別な英雄でも勇者でもない、庶民たちの行動を見ることで、中国人一般の価値観を見る頼りとしたい。とはいえ、復讐を成し遂げて歴史に名が残ったということだけで、もはや彼らは一般の人間を越えてしまっているのではあるけれども。

ここでは、いくつかの観点を設けてそれにふさわしい材料を取り上げ、復讐の実態や、復讐という行為に対する往時の考え方について考察したい。復讐とは、とりもなおさず、殺人という暴力を駆使する行為である。めざす仇の命をとらねばならぬ。相手もおとなしく死んでくれるのでなければ、強い抵抗が予想され、うかうかすると逆に返り討ちにあう恐れもある。まして、相手が備えをして用心棒がいれば、強力な武器を持ち一撃必殺の腕を以てしても容易ではない。中国人とはいえ、みながみな、ブルース＝リーやジャッキー＝チェン、ジェット＝リーのようなカンフーの使い手ではない（もしそうだったら、最強の国になっている）。下手をすると、相手はカンフーの使い手だがこっちは素人というケース（初期のジャッキー＝チェンの映画の設定のようだ）もある。それ故、復讐者はいろいろ考える。仇の近くに潜む方法を考え、仇が油断する時を探り、効率のよい武器を選んで実行に移す。復讐には、激情ではなく、むしろ慎重さと理性こそが要求される。もし、自分の復讐だけしか考えなければ、自爆テロのように、警護はもとより、たまたま近くにいた無関係の民間人も含め、多くの人間を巻き添えにすることもまたあり得る。復讐において行使される、こうした暴力の問題は、大変に重要であると私は考える。それは、社会における「日常の暴力」に関わるからだ。暴力がどれほど身の回りに存在するかは、社会の安定度の問題でもあり、さらには社会に共有されている価値観の問題でもある。本章後半にまとめておいたように、復讐譚には残忍な話が多い。しかし下手人《げしゅにん》たる復讐者は、決して普段から残忍な猟奇的人物ではない。こと復讐の完遂に当たってはそういうことになってしまうのだ。そこを看過してはならないと思う。復讐という行為の意味を考える、一つの手がかりであろう。

また、復讐を取り巻く状況は千差万別である。一般的には民間人同士の私闘に該当するが、めざす仇が高位高官であれば、政治家を狙ったテロとして社会的重大事件に発展する可能性もあって、親孝行だとして顕彰するわけには必ずしもいかなくなる。とすると、復讐は狙われる側が「死んでもいい人」であるような場合にだけ是認されることとなり、「仇」の人物評価が重要になるという、なんとも妙な事態に陥ってしまう。逆に言えば、こういうことを気にしていたら復讐はできないのであり、相手が誰であろうと、そして実行に困難があろうと、復讐を志す者は復讐をめざし、そして、動機が復讐であると聞けば周囲は喝采する、そういう構図なのだ。

それでは、歴代の復讐物語を紹介していこう。激しく、強く、恐ろしく、そして哀しい、そういう物語である。

1　復讐までの長い道のり

幼少期を堪え忍んで

わが国の赤穂《あこう》浪士の話もそうであるように、復讐には、仇を討ち果たすまでに、長い年月と並々ならぬ苦労とがかかることもある。それを乗り越えて本懐を遂げようとする強固なる意志、そこに感動を覚える向きもあろう。まずはそういった、本懐を遂げるまで長い期間があった話を紹介しよう。先の伍子胥《ごししょ》の物語もそうであったように、年を経ても減衰することのない不屈の闘志、揺るがぬ決意に驚嘆する。

では、唐《とう》代の話をまず紹介しよう。

王君操《おうくんそう》は、萊《らい》州、即墨《そくぼく》の人である。隋《ずい》の大業《たいぎょう》年間（六〇五～六一七）に、父は同郷の李君則《りくんそく》なるものと争った挙句に殴り殺されてしまった。王君操はその時まだ六歳で、母が県に訴えたが、李君則は家を棄てて亡命してしまい、数年間捕まらなかった。王朝は唐へと代わり、その貞観《じょうがん》年間（六二七～六四九）の初め、李君則は、王朝も代わったことだし、国の定めた刑罰もいちいち気にしていられない、王君操は身寄りもなくひよわで復讐の気持ちもなさそうなので、役所へ自首することとした。そのまさに自首の際、王君操は白刃を翻して李君則を刺殺し、腹を割いてその肝臓を抉り出すとその場で食いつくしてしまった。王君操は役所で長官に自首し、殺人罪に問われることとなった。「人を殺せば死刑、そのことは法律に明文がある。なぜ自ら身をつつしみ生きてゆく道を模索しなかったのか？」との問いに、王君操は答える。

「父が殺されてから二十余年がたちます。礼書に『父の讐《あだ》は天を同じうすべからず』とあると、私は聞いております。早く復讐を遂げようと願いつつも、長い間果たせずにおりました。いつも仇の死を恐れ、無実の罪の怨みを表に出せませんでしたが、今や大恥は雪《すす》がれました。お上の裁きに甘んじて従う所存であります。」

州では法によって死刑と定めたが、その事情を添えて皇帝に申し上げ、時の皇帝、太宗《たいそう》は特に詔《みことのり》して罪を許したのであった。

『旧唐書《くとうじょ》』孝友伝・王君操

この復讐劇の主人公の名は王君操。父が殺された時はまだ六歳の小児であったが、二十余年も復讐の志を棄てず、王朝が隋から唐に代わってもそれは何ら妨げになるものではない。むしろ仇の李君則の油断を突き、しかも彼が国法によって裁きを受けてしまう前に、必殺の刃を振るったのであった。復讐までの時間がかかる場合は、往々にして子が年少のケースに多い。それにしても、刺殺後に腹を割いて肝臓を抉り食いつくすとは、何という凄惨さであろう。肝は人間の重要な部位であり（だから「肝腎」などという）、そこを食いつくすことで相手の存在そのものを「呑んで」しまうのであろう。

続いては『宋史《そうし》』から、十一世紀後半の話を一つ。

> 元豊《げんぽう》元年（一〇七八）、青《せい》州の民、王贇《おういん》の父はある人に殴り殺された。その時は王贇はまだ幼くて復讐することはできなかった。のち、間もなく元服しようかという年頃になって、この仇を刺殺し、首を切り落として父の墓前に供えた。それから自首し、斬罪となるところであったが、仇を殺して父を供養し自首してきたその心情はまことに憐れむべきであるとの皇帝の考えにより、死罪は免れ、隣の州へ流罪となった。
>
> 『宋史』刑法志

先の王君操ほどではないが、それでも元服までおよそ十年くらいは待ったのではないかと思われる。復讐の志を抱きながら成長していったのだ。似たような話をもう一つ。時代はさかのぼって晋《しん》の時のことである。

王談《おうだん》は、呉興烏程《ごこううてい》の人である。彼が十歳の時、父は隣人の竇度《とうど》によって殺された。談は復讐を志すが、竇度に悟られるのを恐れ、武器らしいものを一切持たず、日夜竇度のもとを訪ねるという日を送った。彼が十八歳になった時、農作業用に見せかけて鋭い鍤《すき》を買った。竇度はいつも船に乗って出かけ、その際、ある橋の下をくぐる。王談は、竇度の往来をうかがい、草むらに隠れ、竇度の船が橋へ入ったタイミングで飛び出し、橋の下から竇度の姿が現れた刹那、例の鍤で橋の上から斬りつけた。竇度は即死し、王談は役所へ自首した。当地の太守である孔巌《こうがん》は、彼の孝行と勇気を称え、上申して罪は許されることとなった。

『晋書』孝友伝・王談

父が殺された時は十歳、それから八年間、仇に復讐の意志を悟られぬように気を使いながら（つまり近くで生活していたのだ！）、ご機嫌もうかがいつつ、じっくりと様子を観察し、相手の行動パターンを確認した上で、チャンスを狙って一気に攻撃を仕掛けたというのが、この王談である。復讐心をむき出しにしていれば、仇は当然子供の彼をも狙うに違いない。それも、まだ弱い子供の内に。だから、王談はしばらくは復讐の刃を胸の内にとどめておくほかはなかったのだ。直情径行の要素はどこにもなく、子供ながらに実に用意周到であり、恐れ入るほかない。この王談については後日談もあるので見ておこう。彼の孝行と勇気を称えた当地の長官の孔巌に関係する話である。

孔巌の子孫はみな、反乱を起こした孫恩《そんおん》によって殺されてしまい、跡継ぎも絶えてしまった。そこで、王談は会稽《かいけい》に移り住んで、孔巌父子の墳墓を修理することに大いに心血を注いだ。のちの太守の孔歆《こうきん》は王談の行いを義行として絶賛し、元興《げんこう》三年（四〇四）に「孝廉《こうれん》」に当たるとして推薦した。まことにふさわしい人であると世は称えたが、王談は朝廷からのお召しには応じず、ついに民間にて一生を終えた。

『晋書』孝友伝・王談

自分を高く評価し、減刑に尽力してくれた孔巌は、江南《こうなん》地方を荒し回った孫恩（?～四〇二）の乱で不幸にも子孫断絶の憂き目にあってしまった。そこで、王談は代わって孔巌父子のために墓の修繕を行ったといい、その行いがまたよしとされ、「孝廉」の徳目で推薦されることとなったのである。王談がそれに応じれば高級官僚への道が開けたはずである。

先に見たように、王談は人を殺しているのである。それも、周到な準備の上での確信犯である。

しかし、そのことで彼は差別されたり、社会から指弾されたりはしない。むしろ高い評価を得て、役人に推薦されるに至るのである。それは、彼の殺人が「復讐」であるからである。「復讐」であるが故に、彼は無法者でもなければ、人々を脅かす社会的に危険な存在でもないのである。それどころか、むしろ親孝行な、道徳的で立派な人物として評価されたのだ。これが当時の価値観なのだ。

王談と同様に、復讐に至るプロセスとして、付け狙う仇を油断させるため、偽って接近する手を使う例もある。孫文《そんぶん》という人の話だが、革命の父として有名な孫文とは全く別人の、これは明代《みん》の話である。

孫文は余姚《よよう》（浙江省）の人である。幼い時に、父は一族の時行《じこう》なる者に鞭《むち》で殴打されて死んでしまった。孫文は成長したら復讐しようと思ったが、何しろ力では到底かなわない。そこで、偽って仲良しとなり、ともに郷里で勝手し放題に暴れ回った。時行は安心しきって疑わなかった。ある日、時行が田にいるところに出くわし、この時とばかり農具で以て撃ち殺した。判決は配流となったが、程なく恩赦にあって釈放された。

『明史』孝義伝・孫文

復讐という最終目的のために、まずは本心を偽って仇に近づき、仲間として行動をともにし、信頼を勝ち得る。そして相手が油断したところで、隙を狙って一気に討ち果たすという、手の込んだことをやったのだ。体力差とか、けんかの強さとか、孫文の方が背負っていたハンディキャップはあったのだろうけれども、どこか割りきれない気もする。つまり、いったん相手を信用させておいてそれを裏切るというところに「偽り」が生まれ、純粋な想いに背くものを感じるのだ。I章で紹介した予譲《よじょう》が否定したのは、こういうやり方であった。

少年犯罪ではない

さて、改めて、子による復讐の例を見よう。晋の時代の人、桓温《かんおん》（三一二〜三七三）の若い時の話である。

桓温は、桓彝《かんい》の子である。父の桓彝が韓晃《かんこう》に殺され、江播《こうは》もそれに関わっていた。当時桓温は十五歳、武器を枕に悔し涙に暮れ、復讐の志を抱いていた。十八歳になった時、江播が死に、子の江彪《こうひょう》ら兄弟三人が喪に服していたが、桓温の襲撃に備えて仕込み杖を用意していた。桓温は、弔問に来たと偽って彼らの家に入り、まずは彪を殺し、残る二人の弟たちも追いかけて殺害した。当時の人はこれを称えた。　　　　　　　　　　　　　　　　　　『晋書』桓温伝桓温はのちに出世し、朝廷の実権を握る大物となる。その彼に、若い時このような復讐譚があったのだ。雌伏期間は三年で、王君操らに比してはるかに短いけれども、それでも決して楽な月日ではない。十八歳の桓温は三人を殺《あや》めたが、そのことが恐るべき少年犯罪として彼の将来を閉ざすことは決してなかった。むしろ、若くして大いにその気概を発揮したとして、世間の高評価を得たのであった（なお、このまきぞえの問題については、一〇五ページからの「流血の大惨事」でとりあげる）。

ではもう一つ例を。時代は進み、南朝の梁の時のこと。

張景仁《ちょうけいじん》は、広平《こうへい》の人である。梁の天監《てんかん》年間（五〇二〜五一九）初め、父は同県の韋法《いほう》なるものによって殺されてしまった。張景仁は時に八歳、成長するにつれて復讐の志を抱く。普通《ふつう》七年（五二六）、張景仁は公田渚《こうでんしょ》なる場所でたまたま仇である韋法に出くわし、韋法を殺すとその首を切り落とし、父の墓前に供えて祀った。本懐を遂げた張景仁は自首し、裁きを願った。州から都へ上申され、むしろ大いに誉められて罪は許され、さらに税も免除されてその孝行を称えられたのであった。

『南史』孝義伝・張景仁

この張景仁のケースも、父が殺された時にはまだ幼くて、復讐の志を抱きつつ成長し、のちに見事本懐を遂げたという例である。首を切り落とすまでした惨殺と言ってよかろうが、張景仁は恐怖の殺人鬼として責められるわけではない。むしろ親孝行を称えられ、税の免除という優遇措置までもらってしまう。動機が復讐であったからである。

苦節二十七年

最後に仇討ちを果たすまで最長の例を挙げよう。話も長い。清《しん》朝の初め、康熙《こうき》帝の時の話である。

王恩栄《おうおんえい》は、字《あざな》は仁庵《じんあん》、山東蓬萊《さんとうほうらい》の人である。恩栄の父である永泰《えいたい》は、県の役人である尹奇強《いんききょう》に殴られて死んでしまった。恩栄はまだ九歳で、祖母が官に訴えたところ、官は尹奇強のかたを持って、埋葬用に銀十両が下されただけで申し立ては退けられた。そこで祖母は心深く傷つき、突然首をつって死んでしまった。母も三年泣き暮らし、病気で危篤になった。お上から下された銀を恩栄に手渡すと、次のように言った。

「お前の家は数年で葬式が三度続くこととなり、祖母も父もいい死に方ができなかった。それなのに仇はのうのうとしているんだ。このお金はお上が下さったものだが、三人の命が十両に代わってしまったんだよ。私が死ぬまでこれをとっておいたのは、お前が成長して、このお金を見ては仇のことを思ってほしいからだよ。金もあるけど、仇も生きている。祖母と父母の惨めな死を忘れるんじゃあないよ。」

こうして王恩栄の家では三度葬式が続き、家はますます貧しくなった。喪が明けると彼は村の学校に入り、一方、父の柩《ひつぎ》に誓いを立てて復讐のために斧《おの》を持ち歩いていた。彼のおじは心配し、「仇討ちを行うのはまことに志士というべきだが、こちらの四人（祖母・父・母・王恩栄）の命と仇一人の命が引き換えだ（割に合わぬ）。しかも（殺人は死刑だから、お前が死ねば）家は断絶だ。仇討ちなどしてはならぬ」と戒めた。王恩栄はひとまず言うことを聞いたが、伍子胥の列伝を読んでは哭《こく》する、という日を送った。二十八歳となった彼は、身体も頑強で、結婚して幸い男子が生まれると、彼はおじに「王家は跡継ぎができました」といった。

王恩栄は斧を持って街へ行き、めざす仇の尹奇強と出会う。斧で打ちかかったものの手が震えて外してしまい、石を投げたところ命中して相手を倒したが、人が多く集まってきたこともあり、討ち果たすことができなかった。他日、今度は門のところで待ち伏せし、出くわしたところを斧で首に切りつけたが、帽子が厚くて殺害には至らず、耳に怪我をさせたに終わった。そこでついに尹奇強の家族は官に訴えた。父の永泰の死から既に十九年がたち、永泰が殴り殺されたという一件についてももはや証拠はない。お上では、王恩栄を謀殺の罪で裁こうとしたが、恩栄は泣きながら母がくれた銀を取り出し、そこには血で書かれた文字があった。官では感嘆し、「孝子である！　お前を罪するならばこれは天に背く。天に背くのは不祥である。お前を許すと国の法に背く。法に違うのは罪である。思うに、『周礼《しゅらい》』には調人《ちょうじん》の職があった（一四一ページ参照）。（その言うところに従って）尹奇強よ、お前は生涯王恩栄を避けるのがよい。」と言った。これを聞いて王恩栄は大声を上げて泣き、役所のものもみな泣き、尹奇強は棲霞《せいか》というところに身を隠した。

そして八年たったある日、油断した尹奇強が路地へ入ったところ、待ち構えていた王恩栄と出くわしてしまった。逃げ場はなく、命を助けてくれるよう懇願した。王恩栄は、「我が父はお前を待ちくたびれているぞ！」と言い、斧で脳天を割り、足で心臓を蹴りつけて殺してしまった。それから県の役所へ自首した。尹奇強の家族は、永泰はもと首をつって自殺したのであって、殴られて死んだのではない、棺桶を開けて調べてみるべきだと主張した。王恩栄は、「たとえ私が死罪になろうとも、父の遺骸を暴くのだけはやめていただきたい。」と言い、血が流れるほど地面に頭を叩きつけて懇願した。知県（県の長官）が衆に諮ると、みな「恩栄の言うことがもっともです。」と言った。そこでこの事件の詳細を按察使（地方において司法その他を監察する職）に上申したところ、按察使は以下のような見解を述べた。「律には仇討ちのことは載っていない。しかし、凶行を働いたものを勝手に殺したという場合、罪は杖（棒叩き）六十回にとどまる。それもその場で直ちに殺したのであれば罪には問われない（この律については一六三ページ参照）。つまり、仇討ちが全く許されないというわけではないのである。王恩栄の父が死んだ時には王恩栄はまだ年端も行かぬ子供で、のちに何度も仇を討とうとしては果せなかった。これは『その場で直ちに』ではないのであるが、『その場で直ちに』のようなものではないか。それに、彼は死をまるで恐れず、強く勇ましいことは誉めるに値するものである。特に許したいと思う。」

官では顕彰を上に願い出ようとしたが、王恩栄のおじが辞退して取りやめになった。時は康熙四十八年（一七〇九）のことである。『清稗類鈔《しんはいるいしょう》』孝友類

大変長い話であるが、『清稗類鈔』が話の流れをよく述べているので主にそれにより、『清史稿《しんしこう》』孝義伝・王恩栄によって若干の情報を補いつつ、大意をとった。

結局王恩栄が父の仇である尹奇強を最終的に討ち果たしたのは、父の死後二十七年後という計算になる。まことに長い道のりだ。途中、おじが彼に対して戒めたのは次のような理屈による。王恩栄が首尾よく仇討ちを成し遂げても、彼が死刑になって子孫断絶になってしまえば、亡き父母たち

にお供え物をする人がいなくなってしまうので、これは実は究極の親不孝になり、そうなっては仇討ちが成功しても「孝」にならなくなってしまう、ということである。そこで、王恩栄は子をもうけるとそれでその方面は安心ということで、おじのもとを辞去していったのである。このへんの心理、日本人にはどうにもついていけないものがあるけれども、基礎にある死生観・肉体観・霊魂観が違うのだからいたし方ない。それはさておき、復讐を果たすまでの二十七年間、幼少時代の一部を除けば、王恩栄は常に斧をぶら下げて行動していたわけで、傍から見れば危険人物であることこの上ない。隣近所には住んでほしくない人の筆頭に近いけれども、こと目的が仇討ちである限り、無差別殺人に走ることはないので、その意味では心配はないのだが。しかし、何という執念であろう。そして、尹奇強の遺族以外の人々がみな、何と彼に対して同情的なことであろう。王恩栄を許そうとする最後の按察使の見解などは、ずいぶん強引にも見える。父の仇討ちという目的は、これほどまでに強いものなのだ。

以上、本懐を遂げるまでに時間がかかった例を紹介した。ここに挙げなかった話も含めて、そういうケースは、だいたい復讐者となる子がまだ幼少の折に父が殺されたという場合である。成人がなぜかもたもたして時間がかかったという事例はほとんどない。やはり、原則的には「復讐に明日はない」のであろうか。

2 女性の仇討ち

細腕を血に染めて

先に強調したように、復讐は殺人行為であって、そこには人一人の命を奪うだけの暴力行為が行われる。なにぶん昔の話であるから、遠距離からの狙撃もなければ、リモートコントロールによる爆破もない。自らの肉体を一個の凶器と化し、全力を注いで必死でなければ成就しない。男ですらそうであるから、まして体力的に弱い女性の場合にはいっそうの困難が付きまとう。しかし、そのハンディキャップを乗り越えて見事仇を討ち取った女性たちもいる。以下、その話を紹介しよう。まずは、三国時代のある娘の話をしよう。名は趙娥《ちょうが》という。

趙娥の父は、同県の李寿《りじゅ》なる者によって殺害された。三人いた息子たちもみな病死すると、李寿の家では復讐の憂いもないとて喜んだ。しかし、娘である趙娥は父の復讐が果たされないことに心を痛め、車に覆いをめぐらし剣を袖で隠して表には見えぬようにし、そして白日の下、チャンスをうかがって李寿を刺殺した。役所へ出向き、顔色も変えずに「父の仇をとりましたので、刑を受けたく存じます。」と言って自首した。長官が許そうとしても趙娥は拒み、ついには無理やり車に載せて家に帰らせた。赦にあって許され、郷里では類稀なこととして称され、功績を刻んだ石も立てられて表彰された。

『三国志』魏《ぎ》書・龐淯《ほういく》伝

仇討ちの時、趙娥はまだ十代であっただろう。父の仇である李寿を白昼刺殺して、復讐を果たす。自首した上で、自分は殺人者であるが故に、罰を受けることを強く望むが、周囲は決してそれを許さない。むしろ大いに高い評価を受け、のちに、彼女は結婚して息子も出世することとなる。この殺人は彼女の人生に何ら暗い影を落としてはいない。それどころか、郷里においては大変な絶賛ぶりだ。

さて、もっと大変な話を紹介しよう。これぞまさしく苦節数年というものだ。隋王朝初期のお話である。彼女の名は王舜《おうしゅん》。

王舜は、趙郡の人である。父の王子春《おうししゅん》は、従兄の長忻《ちょうきん》と仲が悪く、北斉の滅亡（五七七年）の際に、長忻とその妻は共謀して子春を殺してしまった。その時、王舜はまだ七歳で、二人の妹も五歳と二歳であった。親戚のもとに身を寄せ、王舜は妹たちを慈しむ一方で、復讐の心を抱き続けていた。仇の長忻はことさらに仇討ちに対する備えをしているようでもない。三姉妹はみな成長し、親戚は結婚させようとしたが、王舜は固く拒否する。王舜は妹たちに、ついに心の内を明らかにする。

「私たちには男兄弟はなく、このまま父の仇討ちができないなら、女だといっても何のために生きているか、わからないじゃないか。姉さんは、お前たちと一緒に仇を討ちたいんだよ。どうするね？」

二人の妹たちもともに泣き、「姉さんの言われる通りに！」と答える。その夜、姉妹は手に刀を持って壁を乗り越えて邸内に侵入し、自らの手で長忻夫妻を殺害した。父の墓前に詣でて報告すると、彼女たちは自首して裁きを請うた。裁きの場では、姉妹はみな自分こそが首謀者であると言い張って争い、かばいあった。州県では決められず、ついに時の皇帝、文《ぶん》帝の耳に入り、大いに感心するところとなり、罪を許された。

『隋書』列女《れつじょ》伝・王舜

幼い姉妹たちをいたわりつつ、復讐の志を抱き続けた王舜。女手の非力さを自覚してか、正面から正々堂々とではなく、夜にこっそりと侵入して討ち果たすという方法をとった。また、相手は父の従兄であり、要は親族の一人である（こうした問題については、Ⅳ章の一六五ページで再び触れる）。こういったあたりがマイナスにカウントされることもなく、皇帝を感心させていることに注意しておこう。

このほぼ半世紀後、唐代初期の話も挙げておこう。衛《えい》氏という女性が主人公である（名はわからない）。

衛氏は、字を無忌《ぶき》という。彼女の父は同郷の衛長則《えいちょうそく》によって殺された。その時無忌はまだ六歳、母は再婚してしまい、兄弟もなかった。成長するに及んで復讐の心を常に抱き、無忌のおじが宴会を設けた際に、めざす仇の衛長則も参加していたので、無忌はレンガを摑んで衛長則を殴打して殺した。役所に行くと、これが復讐であることを告げ、罪に服さんことを請うた。時の皇帝太宗にまでこの件は達し、太宗は彼女の孝烈を嘉《よみ》し、罪を許した。さらには田宅を与え、礼を以て婚儀も整えるよう命じたのであった。

『旧唐書』列女伝・衛氏

おじさん主催の宴会での惨劇で、人の迷惑かえりみずというところ甚だしいが、まあこれも復讐ならばよいのであろう。皇帝からわざわざ賜りものまでいただくとは、この上ない栄誉というべきである。本懐を遂げて自首したというところも、評価の対象になっているはずである。

女性の仇討ちは、正史の列女伝に多く見えており、到底全てを挙げることはできない。但し、パターンはだいたい似ていると言ってよく、とりあえず上の三例で充分であろう。

そもそも、本来仇討ちは男の子が行うもの、というのが一つの前提となっている。行使できる暴力の問題もさることながら、父から受け継いだものの大きさが、女の子とは違うからである（V章にて後述）。男の子がいなかった場合、遺族は父の仇を討つことができないまま、悶々として一生を送らねばならない。いかにもそれは口惜しい。本来は被害者なのだが、何らかの事情で正当な裁きが行われず正義が実現されなかった場合、一生涯、悔しさと苦しさとを背負ったままということになり、それはいかにも堪え難い。武力では非力な女性でも、決然と立ち上がらねばならない時が来る。

女性による仇討ちは、世間を鼓舞する効果も大きいらしい。次の話を見てみよう。

緱《こう》氏の娘である玉《ぎょく》は、父のために仇討ちをしようとし、夫の一族の者を殺害した。（中略）当時十五歳で学生であった申屠蟠《しんとはん》は「玉の節義は、世の（仇討ちもできぬ）恥知らずな子孫の心も動かし、(仇討ちをしようと)苦労を堪え忍んでいる者を励ますのに充分であります。(後略)」と述べた。玉は死罪を免れ、時の人は誉め称えた。

『後漢書《ごかんじょ》』申屠蟠伝

緱玉という女性の仇討ちに関する世間の評価について記した話である(なお、『続漢書』によれば、玉は、おじの仇である、母方のいとこに当たる李士なる人を殺したことになっている)。彼女の行いは、殺人罪とか何とかいうような次元の問題ではない。動機が復讐であれば、その遂行は世の人々を感心させ励ます材料となるのだ。むしろ仇討ちできないことこそ恥である、という。殺人(復讐)は、ついに高い道徳的な価値を持つものとされるのだ。

戦場の猛女

とはいえ、勇武にして自ら刃を振るう女性もいた。たとえば、明代末期のある女性の話を見てみよう。姓は張《ちょう》だが名はわからない(女性についてはよくあること)。資料の通り、以下には張孝女と記しておこう。

張孝女は陝西鎮原《せんせいちんげん》の人である。父は敵に殺され、三人いる弟たちは復讐ができない。お上に訴えてみても、仇の家が賄賂を贈っているので、三度訴えても取り上げてもらえない。張孝女は命をかけて復讐することを誓い、それは仇の家にも伝わったが、弱い女の身だからとたかをくっていた。

時は明の末期で、李自成《りじせい》が暴れ回って北京《ペキン》を陥落させた頃だが、清の兵が押し寄せて形勢は変わり、李自成の軍は陝西へと走り、追撃の兵がやってくる。その報を聞いた張孝女は髪を切り衣装も変えて男の姿となり、弓矢を携えて兵に志願した。その勇ましさを買われて五百人を率いて先駆となり、大いに手柄を立てた。陝西の中心である西安《シーアン》が安定すると、張孝女は「鎮原は私の故郷。道路も山川も知りつくしております。一軍を率いて攻略に向かいたく存じます。」と言い、認められて鎮原へと軍を進めた。

街を陥《お》とすと、張孝女は父の仇の家を取り囲み、仇の首を斬ると父の墓に供えて祀った。そして実家に戻ると母に向かって泣きながら言った。

「私が誰か、お母さんはわかりませんか？　あなたの娘です！　格好を変えて男となり、命をかけて賊と戦ってきましたが、本当の狙いはお父さんの仇をとることでした。今、仇を討ち果たし、志は遂げました。弟がお母さんのお世話はしてくれますし、いまさら自分は女に戻ることもできません。死を願うだけです。」

張孝女は首に刃を当て、母が止める間もなく血に染まってなくなった。鎮原の人は彼女を憐れんで、孝女の祠を建てた。

『清稗類鈔』孝友類

弟たちが復讐に踏みきれなかった理由は不明ながら（あるいは年少でもあっただろうか）、女性である張孝女が男装して兵となり、時に世を騒がせた李自成の勢力を蹴散らした。しかし彼女の真の狙いは、そうしたドサクサの中でいわば「合法的に」武力を行使して仇の命を狙うことであった。見事に復讐を果たした彼女は自刎《じふん》して果てる。まことに壮烈、と言うべきであろう。

もう一人、清朝後期の猛女の話を紹介しよう。アヘン戦争（一八四〇～四二）の際の話で、ここでは敵は何とイギリス軍である。

王秀娥《おうしゅうが》は、平湖《へいこ》（浙江省）の乍浦《さほ》の人である。父の名は英《えい》という。道光《どうこう》二二年（一八四二）、アヘン戦争の際に、父の英は対イギリス軍の隊長であったが、イギリス軍が乍浦を攻撃した際に戦死してしまった。その時、娘の秀娥は十七歳、悲しみに堪えずに死を想い、

「人はみな死ぬ。死はもとよりいとわないし、父も国のために名誉の死を遂げた。私としてはただ父の仇をとることをよしとするのみである。」

と言った。かくして数日、乍浦の守りは破られたが、王秀娥は馬に鞭打つとイギリス軍に突入し、刀を振るっては斬りつけて縦横無尽に暴れ回り、数十人を殺した。背後から不意打ちをくらって腕を負傷して落馬したが、それでも立ち上がるとイギリス兵二人を殺し、そこで彼女も死んだ。

『清稗類鈔』孝友類

父がイギリス軍との戦いで戦死したので、王秀娥にとっての仇はイギリス軍全体ということになるのであろうけれども、それにしても何とも勇ましい話である。

誰も知らない心の中

このような勇猛にして壮烈なる女性もいたとはいえ、やはり武器をとって直接に敵を殺害する行為は、女性には難しい。そこで、相手をじわじわと破滅へと追い込むという手も考えられる。『四《し》庫全書《こぜんしょ》』編纂に心血を注いだ清朝の有名な文人、紀昀《きいん》（一七二四～一八〇五）の小説集『閲微草堂《えつびそうどう》筆記《ひっき》』に次のような話がある（平凡社、中国古典文学大系42所載『閲微草堂筆記』から、前野直彬氏の訳をそのまま引用する）。

私の家から三四十里のところに住んでいたある男が、その下男夫婦をいじめ殺し、夫婦の娘を自分の妾にしてしまった。ところが、この妾がもともとよく気のきく女で、料理や着物など、いちいち旦那の気に入るように切りまわし、しかも旦那が喜びそうなことなら、いくらでも色気を出し、みだらなふるまいをして見せた。人々はみな、女が親の仇を忘れてしまったと蔭口をしていたが、旦那はすっかり魅惑されて、妾の言うことを何でもきくようになってしまった。

妾ははじめのうち、旦那を贅沢になるように仕向け、家産の七割か八割まで使わせた上で、告げ口をして旦那の肉親の間に溝を作り、一族の中が仇敵同然にいがみあう状態をおこした。それから、いつも旦那の前で『水滸伝』の宋江や柴進などの話をしては、男の中の男だとほめあげ、旦那に盗賊どもとつきあうようにすすめたので、旦那はとうとう殺人罪で処刑される結果になってしまった。

旦那が処刑された日、妾は旦那のために泣きもせず、こっそり酒を持ち出して自分の父母の墓にそそぎかけながら、

「私はいつも夢の中で、お父さんとお母さんの亡霊にうなされていました。お二人は恨めしげな様子で、私をぶとうとしていらっしゃいましたね。いま、おわかりになりまして？」

と言った。人々はここではじめて、女が仇討ちを胸にひそめていたことをさとり、こんな評判を

した。

「あの女のしたことは、人間に推測がつかなかったばかりでなく、神様でも推測ができなかったろう。おそろしい計略を持った女だ。」

しかし、陰険だという批評は出なかった。『春秋』の筆法でも、当事者の本心にまでさかのぼって批判する。もともと不倶戴天の親の仇なのだから、これは当然であろう。

『閲微草堂筆記』一六　妾の復讐

主人公の女性は、屈辱を胸に秘めながら、世間のあざけりにも堪えつつ、仇をじわじわと追い詰め、最終的には国法によって処刑されるところへ持っていき、「合法的に」復讐することに成功した。復讐を果たすまでの間、世間の目も、亡き両親の幽霊の叱責も、それはそれは冷たかったであろう。本心を誰にも打ち明けられないまま堪え抜いた、これも普通の人にはできることではない。この話からは、直接的な武力行使によらないこうした方法も復讐であると当時の人には認識されていたことが理解できよう。とはいえ、やはり珍しいケースではある（実話かどうかも定かではないが）。なお、夢に現れる両親の霊が、娘の本心を見抜けなかったというのが何とも言いようがない。幽霊は真実をお見通しではないようだ。

最後に付言しておくと、女性による仇討ちは、父の仇を娘がとるという事例がほとんどで、夫の仇を討つ例はまず見当たらない。父が唯一無二の存在であるのに対し、やはり夫は他人であるからである。そこまで命を張る必要は、ないのだ。

3　復讐の代理人

得難き友

女性による本懐を遂げた事例を挙げてみたが、実のところ、やはりよほど大変であっただろうとは想像できる。基本的には家の外との接触が少ない女性としては、仇に関する情報調査に始まり、最終的には武力行使に至るまで、克服すべき条件が男に比べて多く、しかもそのどれもが実行に当たっての重要なところばかりである。

しかし改めて考えてみれば、仇討ちは、男にとっても容易なわけではない。男だからといってみながが体力や武芸に優れているわけではないし、心情的に「人殺し」に踏みきれないのも当然のことである。困難であればこそ、一介の庶民であっても仇討ちを成し遂げた者が正史に名を残す道理である。

自分ではできない場合どうするか。簡単な話で、誰かに頼むのである。例えば次のような例。

何顒《かぎょう》は、友人の虞偉高《ぐいこう》が父の仇を討つことができないまま病気が重くて瀕死の状態に陥り、その彼が胸中の思いを泣いて訴えたことに大いに感じ入り、彼に代わって復讐を果たし、討ち取った仇の首を以て彼の墓を供養した。　『後漢書』何顒伝

二世紀の話である。実はこの時、何顒は、都において学問を認められ、当時一番の名士であった郭泰《かくたい》のような人物とも交際のあった有名人であった。復讐は成功するとは限らないし、成功しても「殺人」によって逮捕処刑されるかもしれない。それでも、そしてキャリアが上りつつある彼にしても、友人のために代わって仇討ちに赴こうとするのである。同じく後漢時代に似たような話が別にある。それも紹介しよう。

郅惲《しつうん》の友人に董子張《とうしちょう》なる者がいた。彼の父は郷里の者に殺され、董子張自身は病重く、郅惲が

見舞いに行った折はもう瀕死の状態であった。董子張は郅惲を見るとさめざめと泣き、もはや言葉も言えない。郅惲は充分にその意を察し、立ち上がると「客」どもを引き連れて仇を待ち伏せして討ち取り、その首を持ち帰って董子張に見せた。それを見て董子張は絶命し、郅惲は自首する。

『後漢書』郅惲伝

病の重い友に代わって、郅惲は仇討ちを行う。自首した郅惲が重い罰を受けることはない。これら二つの話にあるように、友の無念の想いの大きさ、それに感ずる自らの想いの大きさ、復讐に寄せる当時の人々の想いは、大変なものだ。

頼むより先に友人が立候補する例もある。次は明代の話。

張震《ちょうしん》は、余姚の農家の子である。生まれて満一歳の時、父が人に陥れられてしまい、今わの際に張震の指をかじって、「某《なにがし》こそがわが仇だ。お前はそれを忘れるな！」と言ってこと切れた。張震は成長してもその指の傷が治らない。母がその事情を話すと、張震は復讐を誓った。友人が「君は力が弱いから、僕が君に代わって奴を殺してやろう。」と言い、程なく、仇が馬に乗って外出した際、この友人が農具で打ち倒し、仇は即死した。張震は喜び、父の墓に詣でて報告した。事の真相がはっきりすると、役人も張震の志を憐れみ、死刑からは減刑して戍《じゅ》（辺境での警備の役）に当てることとし、のち赦にあって帰ってきた。

『明史』孝義伝・張震

体力の弱い友人に代わって立候補してくれるとは、まことに得がたい友である。但し、この場合、実際の下手人である友がどういう裁きを受けたのかはわからない。あるいは友がやったことを張震自身がやったこととして自白でもしたのであろうか。さもなくば、張震が孝義伝に入れられる理由がない。

復讐代行者＝遊俠

しかし、代わりに仇を討ってくれる友人が常にいるとは限らないし、逆に友人を巻き添えにはできないと思うのも人情である。どうするか。

こととしだいによっては、赤の他人のために、代わって仇討ちをしてくれる者がいた。遊俠と呼ばれる者たちである。まず有名な遊俠に関する記述を引こう。前漢時代、紀元前二世紀の大物である。

郭解《かくかい》は小柄だが精悍で、酒は飲まず、若い時には陰で悪事を働き、気に食わぬ者を自ら殺したことも多かった。借りのある者のためには代わって仇を討ってやることで応えた。

『史記』游俠列伝・郭解

街の顔役、映画『ゴッドファーザー』のマフィアそのものである。こういう例は珍しくない。次も前漢の人である。

朱雲《しゅううん》は、若い時は俠客と仲良くし、客のために仇を討ってやったりした。

『漢書』朱雲伝

朱雲は、四十歳になってから行いを改めて（原文では「変節」）、学問に打ち込み、朝廷に仕えるに至る。仇討ちというからには当然殺人を行ったはずだが、若い時のこういう前歴はその後のキャリアのステップアップに影響はなかったらしい。それはやはり、理由が「復讐」だからという以外には考え難い。なお、今も使う「折檻《せっかん》」という語は、この朱雲が皇帝に対してあまりにも強く諫めたため、皇帝の不興をかい、朝廷から引きずり出されようとするのに抵抗した際、摑まった檻《てすり》が折れたという話が出典である（もっとも、今使う折檻の語は意味がどこかおかしいが）。同じ前漢時代のこととして、『漢書』には次のような記述もある。

永始《えいし》・元延《げんえん》年間（前一六〜前九）のこと。都である長安《ちょうあん》には悪賢い者が多くはびこり、ストリートの少年たちは役人を殺害したり、金品を受け取っては仇討ちをしたり、というさまであった。

『漢書』酷吏《こくり》伝・尹賞《いんしょう》

先の郭解や朱雲の場合には、彼らの交際範囲内での仇討ちで、見ず知らずの人のためにというのではなかったかもしれない。しかし、この酷吏伝の記述では「金品を受け取っては」というのだから、一種請負業のようにも見える。ビジネスとして成立しているようでもある。自分では復讐は無理だと思った場合、こうしたヤクザどもに依頼するということもあり得たには違いない。また、『漢書』には次のような記述もある。

河平《かへい》年間（前二八〜前二五）中、王尊《おうそん》は京兆尹《けいちょういん》（長安一帯を治める官）となった。都の豪俠を捕らえ、萬章《くしょう》や箭《せん》（矢作り）の張回《ちょうかい》、酒家の趙君都《ちょうくんと》・賈子光《かしこう》らを殺した。彼らはみな長安の名だたる豪傑で、怨みある仇に報復するために刺客を養っていた者どもである。『漢書』游俠伝・萬章街で幅を利かせるボスどもは、多くの子分を抱えていて、しかも彼らは暴力をその任務としていたのである。仇討ちのために刺客を家に抱えていたとはまことに物騒だが、ボスたちと官や民間人の間、そしてもちろんボスたち同士のトラブルは絶えなかったであろうから、その解消はやはり暴力に頼るほかはないということか。ごく普通につつましく生きている庶民から見ればトラブルメーカーでしかない彼らの存在だが、不条理に対抗するためには、何者も恐れぬそのアウトローぶりがむしろ頼れるというものだ。Iの章で紹介した呂母が、「少年」たちを集めたという話を思い出す。思えば、日本の近代におけるヤクザも同様な機能を背負って社会に根づいていたのではあった。

秘孔を突く暗殺拳

さて、人のために仇討ちを請け負う場合にも、商売としての殺人ばかりとは限らない。次の例は、某漫画を知っている人ならきっと興味深い話に違いない。

王来咸《おうらいかん》は、人体のツボを狙っての突き技を得意とし、死穴・暈穴《うんけつ》・啞穴といったツボがあって、全ては青銅製の人形に描かれた図に示された通りであった。ある不良少年に侮辱された時は、ツボに突きを入れると、少年は数日間尿が出なくなって大いに苦しみ、謝ったので許して元

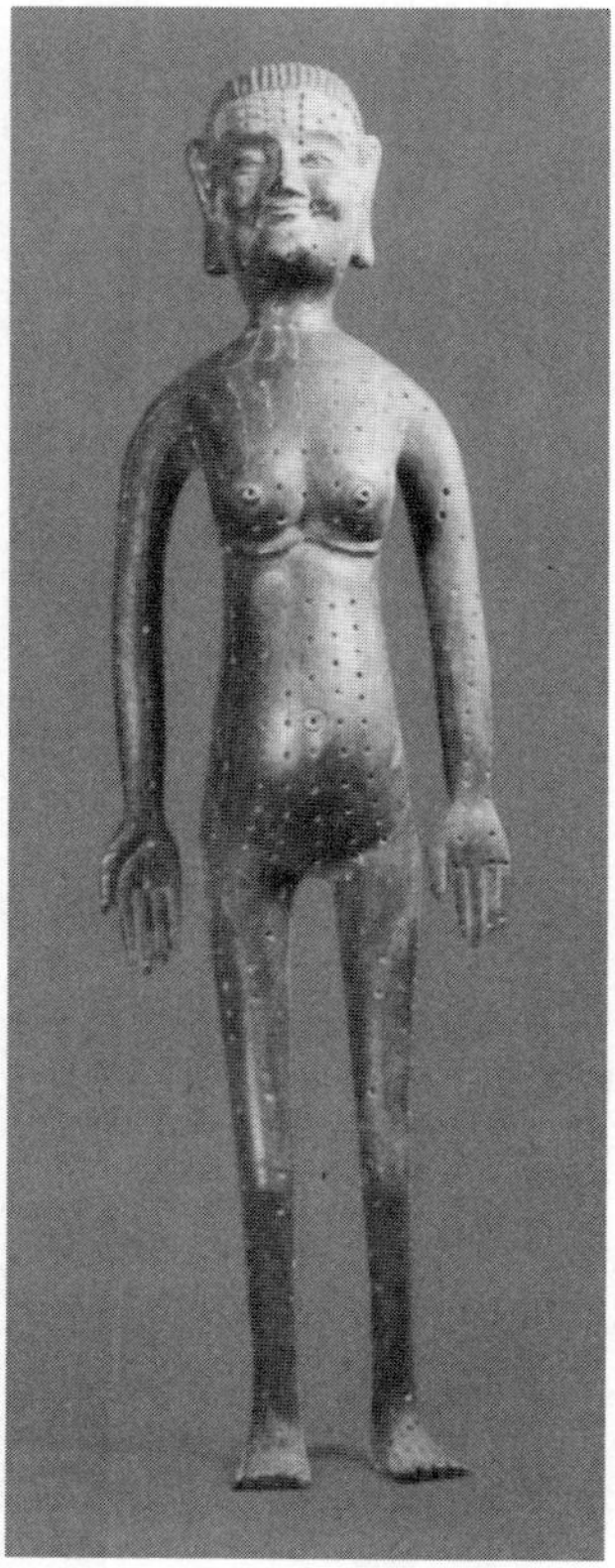

針灸銅人（清代）
針灸教育のため、経絡やツボの位置が記された人体モデル。ツボには実際に針が刺せるように穴が開いている。

通りにしてやった。ある牧童がその法をひそかに学び、仲間に試したところ即死してしまった。しかし、王来咸が見てみると、「これは暈穴だな。」と言い、しばらくすると息を吹き返した、ということがあった。王来咸は任侠《にんきょう》の男で、かつて他人のために復讐をしてやったことがあった。ある者が金を用意して、弟に報復してほしいと言ったところ、王来咸は「俺をケダモノ並みに扱うのか！」と言ってその依頼を断った。

『清史稿』芸術伝・王来咸

人体の経絡《けいらく》秘孔《ひこう》への打撃を狙う中国拳法《けんぽう》は確かに実在したらしい。王来咸は『内家《ないか》拳法』一巻を著したというが、拳法の名が北斗×拳かどうかは定かでない。右の文の最後のところで、ある者が彼に依頼を持ってきたのは、もちろん彼のこういう技の働きを期待してのことだろう。しかし、金を払って、しかも自分の弟への仕返しをしてほしいなどというこの依頼に対し、彼はその外道ぶりに怒って、「馬鹿にするな！」と追い返したわけである。仇討ちであるからには、まず「共感」が最も大切な要素である。それがあれば報酬などは不要であって、特に「任俠」と呼ばれる男たちはまさにその「共感」、義によって行動したのだ。ここの依頼人はそれをわきまえず、ただの殺し屋扱いで王来咸のもとへやってきた。王来咸が怒るのも無理はない。彼の拳はただの殺人拳ではなかったのだ。

なお、他人に依頼した場合には、原則的には依頼主が孝行者として称えられることはない。復讐行為そのものの困難さが賞賛を受ける理由の一つであるならば、それは当然である。

4　徒党を組んでの仇討ち

復讐は、基本的には復讐者と仇との一対一の争いだが、場合によっては集団闘争にもなり得る。復讐者の側が一族郎党総出の場合がまずそうである。血縁ある者、恩ある者がみな復讐に賛同すれば、いきおい集団になってしまう。復讐に共感を寄せる者がいれば、助太刀《すけだち》を拒絶する理由はない。一方、仇に当たる者が高位高官で警固の者を多数動員すれば、これまた集団を形成してしまう。集団対集団の戦いならば、これはもう戦争に近くもなろう。田舎であれば大事件と言わねばなるまい。ここでは、復讐を単独では決行せず、徒党を組んで実行した事例を見ておく。次に紹介するのは元《げん》の時代の話である。

劉健《りゅうけん》は父のために復讐を志し、家の財産を全てなげうって決死の者ども百人と契りを結ぶ。まず、商人職人果ては乞食と偽って相手方の懐に入り、夜半に放火して大いに騒ぎ立てた。相手方は驚いて同士討ちを始める始末で、そこに劉健は乗り込み、父を殺した張破四《ちょうはし》を自ら斬り殺し、その他主《おも》だった者も捕らえて磔に処した。のち、お上にこの働きは届き、劉健は官職を授けられ、父も祠が立てられて定期的に役人が祀りに来るという。

『元史』忠義伝・劉濬《りゅうしゅん》劉健

この話は、もともと役人であった劉健の父の職務遂行中の殉職がきっかけなので、お上として乗り出したせいで、戦いの規模が大きくなっているのではあるが、職務を越え、私財を全てなげうっての決死隊結成などは、劉健個人の仇討ちという要素が大きいと言わねばならない。

次のような例もある。

呉興の人である聞人敻《ぶんじんけい》は、十七歳の時、客と交わりを結んで父の仇を討った。高帝《こう》から賞賛され、官位は長水校尉《ちょうすいこうい》にまで上った。

『南史』孝義伝・聞人敻

十七歳という年齢がまだ若すぎるということなのか、交友を持った多くの客とともに父の仇を討ったというのであり、いわば助太刀要請である。こういうところに出てくる「客」は、近所のご隠居さんが話に来たとかいうのではない。紀元前から例があるが、自分の持つ能力を売り物にして渡り歩くフリーランサーのことである。皇帝から賞賛されたのだから、そうした人々を集めての決行であろうとも、聞人夐のこの仇討ちには特に問題はないのであろう。資料にはもっと年少の例もある。

淳于誕《じゅんうたん》が十二歳の時、父について揚《よう》州へと向かったが、道中で父は盗賊のために殺されてしまった。淳于誕はまだ幼かったけれども、悲しみの情が噴き出すのを抑え難く、家の財産を傾けて客を集め、十日間ほどのうちに遂に復讐を成し遂げた。当地では誰もが嘆賞した。

『北史』淳于誕伝

数え年の十二歳なので現在なら十歳ほどの少年であり、まして相手は殺人も辞さぬ強盗であるから、淳于誕本人ではさすがに復讐は無理である。家財を使って助太刀を集め、それによって見事本懐を遂げたという。先には苦節十数年で自らの手で成し遂げた復讐の例を紹介したが、そういう事例は、ことによると助太刀も要請できないような貧家であったかもしれない。淳于誕のように家財があるならば、それで助太刀を多数集めて迅速に復讐に乗り出すことも可能である。先に見たように、街の游俠に復讐を依頼したような場合には、依頼主は必ずしも賞賛は得られないが、ここで見たような依頼主が年少で健気な場合には賞賛を博するようである。それはやはり、助太刀を頼んだ事情が明白だからであろう。復讐事案にはさまざまなケースがあり得ることが、よくわかると思う。

こうした徒党を組んでの集団闘争は、確かに金銭で雇った人々が大勢入り込んでいて、傭兵のようにどこかビジネス風でもある。しかし、大義名分として「孝」が立ち、それに共感した者たちの「義」による助太刀、男気という要素を軽く見ることはできない。

5　流血の大惨事

惨殺！

しつこいようだが、復讐は殺人行為である。めざす仇を殺すことが目的である。銃器爆薬を用いた例はさすがに見当たらず、そうなると凶器はほぼ刃物に限られる。容易に想像できると思うが、刃物による殺傷は、まさに肉体を切りさいなみ、血を噴出させ、酸鼻を極めた様相を呈する。なかなか一撃必殺とはいかないため、被害者の苦しみも激しい。映画の年齢制限は、派手な銃撃戦のガンアクションよりも、刃物を使ったホラー・スプラッターに多いような気がするのも、そのせいではなかろうか（一部香港映画のように、銃撃戦は演出しだいで戯画になってしまう）。

それ故、復讐という行為について考えてみようとするならば、そうした残酷性の要素を捨象することはできない。復讐を称え認めることは、まずは公然たる殺人の容認である。そして、目の前で起こる惨劇の容認であり、露骨な暴力の礼賛である。

以下、「これはひどい」と感じさせる、酸鼻を極めた復讐話を列挙する。

まずは殺し方がひどいものから紹介しよう。先に、唐代初期の王君操の話を紹介した（六九ページ）。仇を刺殺後、腹を割いて肝臓を取り出し、その場で食いつくしたという話だ。また、首を切断して父の墓に供えた話もあった。この手の話は珍しくない。次は宋代の例。

范廷召《はんていしょう》の父は、村の不良少年によって殺された。范廷召は十八歳、父の仇を自ら刃物で殺し、腹を割いて心臓を抉り取り、父の墓に供えて祀った。

『宋史』范廷召伝

故人への仇討ち成就の報告のためということもあろうが、命をとるだけでは済まない。死体損壊を伴う、スプラッターである。
次の例は、六世紀後半に起きた事件で、憤懣《ふんまん》おさまらぬが故の行いである。杜叔毗《としゅくひ》の兄と甥らは、曹策《そうさく》の陰謀によって処刑せられ、曹策はしかもその件に関してお上のお咎めを回避することができた。

杜叔毗は内心憤りを抱き、復讐を思うけれども、朝廷の意思に反することになり、また縁座により母に災いが及ぶのを恐れて、嘆いては日を送っていた。母は彼の気持ちを知り、「そなたの兄は無実の罪でひどい目にあい、恨みは骨髄に徹するほどです。もし、仇の曹策が朝に死んだなら、私はその日の夕方に死のうとも満足です。そなたは何をためらっているのかえ?」と言った。杜叔毗は母のこの言を聞き、復讐の想いをいっそうつのらせる。そしてとうとう、都にて白昼、仇の曹策を刃物で殺害し、首を切り腹を割き、遂には死体をばらばらにしてしまった。

『周書《しゅうしょ》』孝義伝・杜叔毗

怒りにまかせてということであろうけれども、これは何ともすさまじい殺人である。死体をばらばらにするのは、本来それだけで人の道に反する行いとして重い罪になる。ところが、この件では、太祖《たいそ》は「その志気を嘉し」、特に命じて罪を許したという。復讐というその動機の故に、超法規的な処断が下されたのである。

さらに強烈な例を一つ。宋代の話である。

張蔵英《ちょうぞうえい》は、彼の一族を皆殺しにした仇である孫居道《そんきょどう》が関南《かんなん》(現在の河北省中部あたり)に身を避けたと知り、希望して関南都巡検使となった。任地到着後、人目につかぬ身なりに着替え、鉄製の鞭を持つと、孫居道の屋敷の側面に隠れた。居道が出てくるのを待ち受けて撃ち、地面に倒れた居道の耳を食いちぎると、生きたまま(郷里へ)連れ帰った。父母の位牌を設けて、酒や肴を供え、縛り上げた居道をその前に引っ立てると、張蔵英は号泣しつつ、肉が千切れ飛ぶほどに居道を鞭で殴り始めた。三日後、心臓を抉って墓前に供え、それから官へ出向いて罪を待った。罪は許され、燕《えん》・薊《けい》地方(河北省)では「仇を討った張孝子」と呼ばれた。『宋史』張蔵英伝

めざす仇を拉致すると、肉がちぎれるほど鞭で殴打して死に追いやっている。こういうのを虐殺と呼ぶのではないかなあと思うのだが、張蔵英は罰せられ非難されるどころか、「仇を討った張孝子」と誉められたというのだから、どうやら感覚が違うらしい。そもそも罪も許されている。それ

もこれも復讐だからよいのであろう。

一家皆殺し

次は一族皆殺しの例である。

南北朝《なんぼくちょう》期の話。沈林子《しんりんし》は字を敬士《けいし》といい、沈預《しんよ》なる人物を一門の仇として付けねらう。

林子は十八歳になり、沈預は林子が襲ってくるのではないかと恐れ、常に武装して備えていた。五月の夏至の日が来、沈預は大いに宴会を催し、彼の子弟が屋敷中にあふれていた。林子と兄の田子《でんし》はそこへ我先にと乗り込み、沈預の首を斬ると、さらに老若男女の区別なく皆殺しにし、沈預の首を以て父や祖父の墓に詣でて祀った。

『宋書』自序

屋敷に乗り込んでいった都合上、結局一族郎党みなを相手にすることになるのはいたし方がないのであろうけれども、老若男女を問わず皆殺しというのはあまりにひどい。せめてめざす仇だけを討ち取れるような状況を狙うというくらいの配慮はないものであろうか。

例えば、清の任騎馬《じんきば》は父の仇を刺殺し（二十八回も刺した！）、おびえるその妻子に向かって「私は父の仇を殺したまで。お前たち母子には何の関わりがあろうか？」と言って、妻子には危害を加えていない（『清史稿』孝義伝・任騎馬）。こういう姿勢もまたあり得たであろう。しかし、この時代、家族を結びつける紐帯の強さが今とは大違いなのであって、親子は別人格とかいう見方が成り立たない。むしろ任騎馬こそが例外的なケースであろう。

さて、では一家皆殺しの例をもう一つ。清朝初期の話である。王延善《おうえんぜん》は、ある者のたくらみによって無実の罪で逮捕された。彼には、余恪《よかく》・余佑《よゆう》・余厳《よげん》の三人の息子がおり、長男の余恪が、余佑・余厳の二人の弟に指示して復讐を企てた。

余恪は単身父の救出に向かい、結局父ともども北京にて処刑された。余厳は、夜、壮士たちを率いて仇の家に押し入り、老人や子供三十人を皆殺しにした。『清史稿』儒林伝・王余佑

これもひどい。相手に非があるとはいえ、何も一家皆殺しにまでしなくても、と思ってしまう。父の仇、それも無実の罪とあれば、怨みの晴らし方としてはエスカレートするのかもしれない。老若合わせて三十人以上を殺害するとは事件としても極めて重大である。なお、この後どうなったかというと、もともと父の件が冤罪であったため、兄弟たちは罪を問われず、余佑に至っては学者と

して人に忠孝の道を教え、七十歳で亡くなったという。なんだか人を食ったような話である。これも犯罪者が更生して勉強したおかげで学者になったのではない。父の仇を討った王余佑（右の引用には具体的な働きは書かれていないが）は、親孝行の実践者であり、もともと道徳的な人物なのである。

さらにもう一つ、これもどこか腑に落ちない話を挙げておこう。南朝の梁、普通六年（五二五）の話である。

> 成景儁《せいけいしゅん》の父は、常邕和《じょうようわ》に殺された。成景儁は復讐を謀り、常邕和が鄱陽《はよう》内史となると、成景儁は人を雇って常邕和を刺殺させた。そして、まもなく、常邕和の召使を買収して常邕和の子弟らをみな毒殺させた。
>
> 『南史』孝義伝・成景儁

めざす仇を殺害するということでは確かに復讐なのだろうが、自らは手を下さず、どうも陰険な感じがする。まして仇の一家を毒殺というのではひどすぎる。壮挙という表現は当たりそうにもない。しかし、この件について時の皇帝武《ぶ》帝は「これを義とし」たという。これでもよいのであろうか。動機よければ全てよし、ということか。

一方、『水滸伝《すいこでん》』に出てくる豪傑のような例もある。

索綝《さくりん》は、かつて兄の仇を討ち、自ら三十七人を殺害した。時の人はこれを壮とした。

『晋書』索綝伝

曹操（『三才図会』）

よもや兄の仇が合計して三十七人もいたというのではないだろうから（それならば、それだけ仇がいる兄の方がよほど問題人物である）、その中には討ち果たす際に巻き添えになった者がだいぶ含まれているのであろう。ここだけとれば、索綝は大殺人鬼としか言いようがない。しかし、索綝はこの件で死刑になったわけでもなく、彼はのちに朝廷に仕えて高位高官に上っている。時の人の評にもあるように、この復讐は意気盛んな行為であって、犠牲者数の多さはかえって索綝の勇猛さを引き立たせるくらいのものであろう。

犠牲者数で言えば、おそらく最も甚だしい例は、『三国志演義』での悪のヒーロー、曹操《そうそう》によって実行された、町をまるごと屠《ほふ》ったケースであろう。董卓《とうたく》の乱の折、父の曹嵩《そうすう》を避難させようとしたところ、陶謙《とうけん》なる者が曹嵩を殺害してしまった（荷駄の財産目当てだったとも言われる）。この件で曹操は激怒し、陶謙征伐の軍を進める。めざす陶謙を殺すことがかなわなかった曹操は、陶謙の治めていた地域の領民を皆殺しにしてしまったという（『三国志』魏書・武帝紀）。曹操の軍は複数の町で殺戮《さつりく》を行い、『後漢書』陶謙伝によると「およそ男女数十万人を殺し、鶏犬も余すなく、泗《し》水《すい》はこれがために流れず」という惨状であった。さすがにいくらなんでもこれはひどすぎると言わねばならず、曹操の経歴においても弁護のしようのない傷とせねばならない。復讐と言うよりも逆恨みに近いこの行いは、共感は得られまい。しかし、思い起こせば、I章で紹介した伍子胥や孫臏《そんぴん》も実はこれに通ずるところもあるかもしれない。

さて、酸鼻を極めた大惨事話はほかにもあるが、もうこのへんで充分だろう。殺人事件として考えれば、血みどろの惨劇としか言いようのない、世にも恐ろしい事件ばかりである。現在同様な事件が起こったら、連日のマスコミ報道などで大変であろう。しかし、以上の話はどれも（曹操以外）、動機が復讐であるというその一点によって、下手人は見事に救済され、むしろ栄誉を勝ち得ているのである。殺害方法の残虐さも、犠牲者の数の多さも（無差別性も）、どれも復讐者の名誉をいささかも損ずることはない。もっとも、直接の加害者でも被害者でもない、第三者の立場であるが故に、そうした評価がなされたのであろうとは容易に想像できる。

6　仇討ち失敗の例

復讐は難事業であり、それ故にこそ、成し遂げた者への賞賛が惜しまれないのである。一方には、復讐に踏みきれずに怨みを呑んだままこの世を去った者、あるいは、I章で見た予譲のように、復讐を企てたけれども失敗した者が、多数いたに相違ない。そうした人々については記録は極めて乏しい。やはり成功してこその復讐であって、本懐を遂げられなかった場合には、冷淡な扱いを受けてしまう。しかし、成功者が輝くのは、多くの失敗者や落伍者の存在があってのことである。ここでは、失敗者の例を挙げてみよう。もちろん、彼らを笑いさげすむためではない。復讐の困難なることを、改めて知るためである。

まず、後漢時代の例。

郷佐《きょうさ》（税の徴収に当たる役人）がかつて周党《しゅうとう》を衆人の面前で侮辱したことがあった。党は長くそれを心にとどめていた。のち、『春秋《しゅんじゅう》』を読み、「復讐の大義」を知ってからは、勉強を止めて郷里へ戻った。郷佐を訪ねて、決闘の日を取り決めた。いざ闘ってみると、周党は郷佐の刃で負傷し、倒されてしまった。郷佐は彼の義に感じ入り、車に載せて連れ帰って静養させた。数日たって意識がよみがえった周党は、悟るところがあって、辞去すると以後は身をつつしみ修養に努め、その地方では彼の人柄の高いことを称したという。

『後漢書』逸民《いつみん》列伝・周党

自分が受けた屈辱が心にわだかまったままだった周党は、『春秋』を読んで、自分は復讐をなさねばならぬと気付く。相手を狙ったものの返り討ちにあってしまったが、幸い命はとりとめ、結局はむしろよい余生を送ったかに見える。この周党の話で注目すべきは、まず、最初に受けた恥辱が自分に関するものであることだ。父や兄の仇ではない。そして、不意打ちなどを狙わず、どうやら決闘らしき形式をとっていることだ。かなり珍しい例と言うべきであろう。

続いて、女性の例。

王広《おうこう》の娘は、容姿端麗ながら、世を憂える気概は男並み。王広は劉聡《りゅうそう》に仕え、西揚州刺史《しし》となっていたが、そこに異民族の梅芳《ばいほう》なる者が攻撃を仕掛け、王広はあえなく殺され、十五歳の娘は彼の妻とされた。夜、暗がりの中で娘は梅芳に打ちかかって殺そうとするが狙いを外してしまう。梅芳は驚いて「何で逆らうのだ？」と言うと、娘は罵り始める。

「このケダモノめ！　逆らう賊を懲らしめようとしてるのはこっちの方で、お前に言われる筋合いじゃないよ。『父の仇は天を同じうせず。母の仇は地を同じうせず』と言うだろう。お前はまともな理由もなく反逆を起こし、人の父母を殺し、無礼なやり方で人を辱めようとする。あたしが死なたかったのは、お前を殺そうと思ったからさ。もうこうなれば殺されるより先に自分で死んでやる。お前の首を道にさらして大恥かかせられなくて残念だ！」

語気はとても激しく、言い終わると自殺し、梅芳が止める間もなかった。

『晋書』列女伝・王広女

どうもせりふの訳し方がおかしくなってしまって、不良っぽくなってしまったが、父の復讐を狙って、仇に近づけるチャンスをうかがった、その一瞬のところで失敗してしまった気の毒な女性である。慣れ親しんだところで相手を油断させて、といった手もあろうけれど、それではやはり自分自身も多くの屈辱を負ってしまう。先に紹介した『閲微草堂筆記』の女性の例（九〇ページ）もそうであった。だから、これはこれでやむを得まい。王広の娘は、列女として正史の中に名を残した。しかし、幸福ということにはならないであろう。

次は、同じ一族の中での、なんだか気の毒な話。

朱謙之《しゅけんし》が数歳の時、母が死に、父の朱昭之《しゅしょうし》が田の横の土地に仮葬しようとした際に、一族の朱幼方《しゅようほう》が放った火で父は焼け死んでしまった。一族の者から密かにその話を聞いた朱謙之は悲しみに堪えず、年長になっても結婚もせず、永明《えいめい》年間（四八三〜四九三）に自らの手で幼方を斬殺し、自首した。［彼の行いは孝子の義なるものとして罪は許され、しかも、今度は彼が狙われるのを恐れて西方へと移すこととした。］その、まさに出発の際、朱幼方の子である朱惲《しゅうん》が津陽門《しんようもん》で待ち伏せていて朱謙之を殺した。その朱惲を、朱謙之の兄の朱選之《しゅせんし》が刺殺し、この件がまた役人から皇帝の耳へと届けられた。世祖《せいそ》は、「これらのことはいずれも義なる行いのことばかり。罪に問うてはならぬ。」と言い、みな、許された。

『南斉書』孝義伝・朱謙之

II章で触れた「推刃《すいじん》の道」、即ち官の警戒する「復讐の連鎖」が、同じ一族内で起こったという悲劇的な例である。父である朱幼方の仇を討とうとした朱惲（あるいは少年かもしれぬ）は、本懐は遂げたようだが、あえなく刺殺され、返り討ちにあってしまう。なんとも痛ましい感じのする話である。

考えてみれば、復讐とは一場で完結する劇ではない。討った側が次には討たれるべきものとして狙われる。その無限連鎖は、理屈の上ではいたし方のないものだ。復讐を果たした者も、最終的な勝利者ではないのだ。

人を殺害してしまった場合に、復讐されるのを避けて亡命する例も珍しくない。後漢の人、崔瑗《さいえん》は兄を殺害した者を殺して仇を討つと亡命し、のち、赦にあって家に戻ってくる（『後漢書』崔駰《さいいん》伝）。また、唐代、玄宗《げんそう》皇帝の時に父の仇を討った張瑝《ちょうこう》・張琇《ちょうしゅう》兄弟（一三ページ参照）も復讐であることをアピールしつつも逃走している（『旧唐書』孝友伝・張瑝張琇）。死ぬのがいやで逃げたのではなく、無限の復讐合戦を回避したかったのであろうか。それともやはり自分が討たれるのはいやであったのだろうか。

7　そもそものきっかけ

父の死という重大事

人生の行路を大きく狂わせて、あまつさえ自分自身の生命の危険も顧みず、人々を復讐へと駆り立てたものは何であったか、それこそが根本的な問題である。古今の書に見える復讐話を全て網羅することは到底不可能であって、復讐一般の統計はとることができず、発生件数の時代的な分布や動機の種類などの数量的なデータは示すことができないが、こと正史の中に事例を探すならば、そのほとんどが親の仇、特に父の仇を息子が討つ事例である。そのことから考えれば、その根本は、伝統中国における家族の関係に求められるであろう。さらには、自分が現在こういう姿でこの世に存在していることの根源である親の不当な死への抗議にある、と言い得よう。特に、先祖以来の〝気〟を自分の中にも伝えた父の死が、何よりも重要なきっかけになっていることは当然である（〝気〟の問題についてはV章、一七九ページで触れる）。単に「愛する家族を失った悲しみで」という次元ではない。自分の現存在をこの世に与えた父であればこそ、その不当なる死に対して、自己の存在をかけた復讐がなされねばならないのだ。

ここまで紹介した事案の多くは、父が誰かに殺害されたことを発端としている。しかし、ではなぜ父は殺害されるに至ったのかというところが、本来は問題ではないだろうか。例えば、父が実は極悪人で、強盗をしようとして逆に倒されたとかいうのであれば、それに対して復讐するというのはむしろ逆恨みと言うべきで、さすがにそれは賞賛はされないであろう。だから原則的には、父には落ち度はないのに不当にも死に追いやられた、というケースが該当するのだろうと想像される。ところが、資料には、実はその辺の事情まで書いてある例は極めて少ないのである。多くの例では、「なんだか知らないけど父が殺されて……」くらいの発端しかうかがい知ることができない。さらには、父の仇ばかりではなく、復讐事案全てで見てみても、最初のきっかけが不明な場合が多い。ここでは、その「きっかけ」がわかる例をいくつか挙げて、実は復讐とは意外に複雑な様相を秘めたものだというところを見たい。

予期せぬトラブル

最もわかりやすい父の死のきっかけは、犯罪に巻き込まれるケースである。先に紹介した范廷召

（一〇六ページ）の場合は、村の不良少年に父が殺されたのであった。昔もオヤジ狩りがあったのかどうか知らないが、運が悪かったのか（下手に注意でもしたのか）。また、盗賊に殺されるケースもある。これも先に淳于誕の例を引いた（一〇四ページ）。次は元の時代の例。

陳夔《ちんき》は、揚州にいて、父の祐《ゆう》が盗にあって死んだと聞き、府（行政の上のレベル）に泣いて訴え、また復讐を願い出、賊の首領を捕まえると紹興《しょうこう》の市場で処刑した。

『元史』陳祐伝

母夜叉　孟州道に人肉を売る（『水滸伝』）
武松が立ち寄った居酒屋では、女将が旅人を殺し、その肉で饅頭を作って売っていた

この例では、父が旅行中に盗賊の手にかかって死んでいる。かつては旅は大いに危険が伴うもので、『水滸伝』を見ていると、道中で盗賊に出くわすことはもとより、一見普通の宿屋までもが客を殺して金品を奪ったりするなど、どこにも安心できるところはない。おまけに山中であ

れば虎も出る。虎の害も人々をずいぶんと悩ませたものであった。虎に関わる珍しい話を紹介しよう。いずれも時代は清朝である。

任四《じんし》は、甘粛渭源《かんしゅくいげん》の人で、農業を営んでいた。家を狄道《てきどう》に移したが、父が虎に殺されてしまった。任四は鳥槍《ちょうそう》（火縄銃）を習い、虎百頭を殺して父の仇を報ずる、との誓いを立てた。

『清史稿』孝義伝・任四

復讐の相手は人間さまだけではないようで、畜生の場合もある。父が虎に殺されたというこの任四なる人物、虎が出たと聞けば出かけていって必ず仕留めるという虎ハンターになってしまった。この続きはまことに不思議な展開である。即ち、虎を九十九頭まで殺して遂に残るは一頭となったが、彼も老い、山で多くの虎に囲まれ、危うく嚙み殺されるかという状況に陥った。その時、一天にわかに掻き曇り、昼なのにあたりは真っ暗となる。虎はその場を去っていき、危うく彼は難を逃れた。彼は家へ戻って父を祀り、子孫にはもう虎を仇とはしないように戒め、以後病気もせず、安らかに死ぬことができた。その死の時、彼は虎の皮の上に寝ていたそうだ。

『清史稿』孝義伝で今の任四の次に載っている話も仇は虎である。

武松虎を打つ（武松を主人公にした明代の戯曲『義侠記』より）

王国林《おうこくりん》は、湖南長沙《こなんちょうさ》の人である。彼は腕力の強い人であった。虎が彼の父をくわえていった時、国林は強烈な殴打を加えて虎の左の牙を折った。虎も怒り、爪で国林の腹を破り、腸が一尺ばかりも飛び出した。父もついに殺されてしまった。国林は死んだかと思ったがまた息を吹き返し、家族がその腸を腹の中に収め戻し、腹を縫い合わせ、のちに傷は癒えた。彼は銃を使って虎狩りを続け、最後に仕留めた虎は左の牙が折れていた。そこでこの虎が父を嚙み殺したあの虎だとわかり、虎を煮ると、父の墓へ詣でて報告したのであった。

『清史稿』孝義伝・王国林

あまりのすごさに言葉が出てこない。豪腕フアイターとか言うくらいでは追いつかぬ。有名な虎殺し、『水滸伝』の武松《ぶしょう》のような人が本当にいたというのだから、やはり中国はすごい。中国相手に戦っては勝ち目はない。なお、『清稗類鈔』孝友類には、父の仇として熊を狙った劉礼《りゅうれい》という人の話が載せられている。商人だった父が吉林《きつりん》で熊に殺されたことをきっかけに、劉礼は老猟師に師事してハンティングを学び、特に動物の行動の特性を学んで名人になったという。

名誉を守るため

話を戻す。復讐事案を引き起こしたきっかけである。ここまで「父の死」ばかりを取り上げたが、実は父が殺されてもいないのに、復讐した例がある。

建初《けんしょ》（七六〜八四）年間、父を侮辱された子が、相手を殺害した。粛宗《しゅくそう》（＝章帝）は死刑を免じ、さらに罪を許した。『後漢書』張敏《ちょうびん》伝

この事例では、「父が侮辱された」というのがきっかけになる。言い合いから暴力事件に発展するというのはあり得ることながら、たとえどれほどひどい罵りようであったにせよ、それで相手を

殺害するに至るのは尋常ではない。しかしこの件は、明らかに「子による復讐」の事案としてその後朝廷で議が持たれているので、復讐に該当するのだ。そして皇帝じきじきに彼の事案に決着を図っている。

なお、子に向かってその父の悪口を言うのはもちろん失礼に当たる。次のような話がある。

陳寔《ちんしょく》は友人と出かける約束をしたものの、時刻になっても友人は現れなかったので、ほうっておいて出かけてしまった。そこへ友人が遅れてやってきた。時に、陳寔の子の紀《き》は七歳、門の外で遊んでいた。父の友人が「お父さんはいるかね？」と尋ねると、紀は「あなたをだいぶ待っていましたが、来ないものですから出かけてしまいました。」と答えた。友人は怒り出し、「なんて奴だ。人と約束しながら勝手に行ってしまうとは！」と言った。すると紀が「あなたこそ、父と約束していながら時間が過ぎても来なかったでしょう。信頼できない人ですね。また、子供の前で父の悪口を言いました。無礼な人ですね。」と言ったので、その友人は恥じ入って引き下がり、紀は門に入って振り返りもしなかった。

『世説新語《せせつしんご》』方正《ほうせい》

七歳にして実に利発な子であるが、やはりそもそも子の前で父の悪口を言うものではない（この話ではもともと陳寔には落ち度はないのだからなおさらである）。それはたとえ君主であってもそうである。参考までに、次の話を見よう。

東晋の元帝《げん》は、賀循《がじゅん》に初めて会った際、（三国）呉《ご》の時のことに話が及んで、「そう言えば、孫皓《そんこう》が焼けたのこぎりで賀なんとかさんの首を切り落とさせたそうだが、誰だったかな？」と尋ねた。賀循が答える前に思い出して「そうそう賀邵《がしょう》だったな。」と元帝が言うと、賀循は「私の父は無道なる仕打ちにあいました。私の受けた傷はあまりに深いので、お尋ねの儀にはとても答えられません。」と泣きながら言った。元帝は慙愧《ざんき》の念に堪えず、三日間奥にこもって朝政の場に現れなかった。

『世説新語』紕漏《ひろう》

賀循の父である賀邵は、三国呉の無道な君主である孫皓をしばしば諫めたため嫌われ、のちに惨殺された（この話では、焼けたのこぎりで以て首をひかせたという）。元帝は賀循がその息子であることをうっかり忘れたのか、触れてはならないところを突いてしまった。父の惨殺のさまを思い起こさせられた賀循の内心の苦痛はいかばかりであっただろうか。元帝もこれには恥じ入るほかはない。まさしく失態であって、元帝自身も自らの心ない行為に傷ついて人前に出られなかったのだ。

至尊の君主とはいえ（あるいはそれ故にこそ）、礼を持たねばならないのである。再び話を戻す。さて、次の例は、「讐」とはいかなる存在を指して言うものかについて、考えさせるところがある。明代の事例である。

傅檝《ふしゅう》の父は後妻を娶ったが、この後妻は二人の使用人と密通していた。父はそれを聞いて糾《ただ》してやろうと思ったが、急死してしまった。傅檝は実情を内心で疑いながらも表には出さず、その内に使用人たちは逃亡してしまった。しばらくして、その一人が徳化《とくか》県に逃げ、ある大家のもとにいるのを突きとめた。傅檝は目立たぬように身をやつし、その男の外出を待ち、袂《たもと》に隠していた鉄のハンマーで彼を撃ち殺した。残る一人は行方知れずであった。

傅檝は継母には会おうとせず、父の葬儀を終えると、激しく慟哭して「父の仇がまだ生きているというのに、これでも人間と言えるのか！」と言い、衣冠を引き裂き、妻子から遠ざかり、人里離れたところに住んだ。垢面蓬頭《こうめんほうとう》、風雨に飢え凍え、避けるところもなかった。親戚も旧知の人も彼を見て狂ったと思い、傅檝の方でもわけを話そうとしなかった。子の燾《とう》が死んだ時も哭することなく、ある人がそれを責めると、「私は子として失格であった。そんな者がどうして父でいられようか！」と泣くのであった。継母が亡くなると、ようやく家に戻った。自らを責め苛んだ年月は三十五年、家に戻って十五年で死んだ。

傅檝の父の死は、継母の不倫非行が直接の原因とは言えないし、間接的ですらないかもしれない。しかし、死の直前に父を苦しめた最大の事柄であったが故に、傅檝としては継母の不倫非行こそが父を死に追いやった原因であると考えざるを得なかった。彼女らは父の仇であり、彼は継母と使用人たちを許すことはできないのである。テレビドラマならば、「父さんを死なせたのはあんたたちだ！」とか何とか、叫ぶところであろう。だから、傅檝ははっきりと「父の仇（原文は父讐）」と言っているのだ。傅檝は科挙にも合格し、本来ならば洋々たる人生が待っていたはずであるが、こうして完全に人生を棒に振ってしまったのである。なお、旧使用人の撃殺の件で彼が逮捕されたとは書かれていない。そのへんの事情は不明である。

父や母が受けた侮辱を子供が晴らすという行為は、「復讐」という範疇に入れられなくても、それに準ずるほどの尊い行いとして、評価は受けたものと思われる。そのことをうかがわせる話を、同じ『明史』孝義伝から引いてみよう。

崔鑑《さいかん》は北京の人である。父は酒好きで、しかも商売女に入れ上げて、家に呼び寄せて一緒に住んでいた。この女は、父のひいきをかさに着て、崔鑑の母に無礼な振る舞いをし、父もまた酔った勢いで母を虐待した。ある日、この女が母をひどく罵り、母が言い返すと、この女は母の顔を殴って怪我をさせた。母はあまりの憤りで自室へ戻ってベッドに伏して泣き、ついには自殺しようとした。

十三歳になっていた崔鑑、ちょうどそんなところへ学校から戻ってきた。穏やかならぬ母の様子を見て、「お母さん、どうなされたのですか?」と問うと、母は今受けたひどい仕打ちを語って聞かせる。崔鑑は、「お母さんは死んではなりません。」と言うと、学校へ行き、手に刀を持って戻ってきた。例の女は、庭の掃除をしているところであったが、掃除をしつつも相変わらず悪口を叩き続けている。崔鑑は、刀を抜くと女の左胸に一気に突き立て、女は即死した。崔鑑は凶器の刀を窓の下に隠し、逃走した。しかし、数キロほど行ったところで、「お父さんは私があの女を殺したことを知らない。となると、きっとお母さんが疑われて責められるに違いない。」と気がつき、来た道をまた取って返した。

思った通り、父は役所に訴え出て、まさに母が逮捕連行されようとするところ。崔鑑は戻ると、捕り方の者に、「これは私がしたのです。お母さんではありません。」と申し出た。誰もが、彼が年少に過ぎるとして信用しなかった。そこで、崔鑑は、「みなさん信じてくれませんが、凶器のありかはわかりましたか?」と言い、自分で窓の下から凶器の刀を取り出してみなに示した。こうして母は縛を解かれ、崔鑑が捕らわれて獄に入れられた。

事件は上聞に達し、刑部にて議論された。尚書《しょうしょ》の聞淵《ぶんえん》らは、「崔鑑の志は母を救うことにあり、また年少で憐れむべきでもあり、通常の法律の適用にこだわってはなりません。」と論じた。皇帝もその意を汲み、死刑を免じた。

『明史』孝義伝・崔鑑

一見、この話は復讐譚とは受け取られないかもしれない。右に引いた孝義伝の文では讐や仇という表現もない。但し、この事件については『明史』の呉桂芳《ごけいほう》伝にも記述があり、そこでは、呉桂芳の提出した赦免の議の文章を、尚書の聞淵が絶賛して「これぞ当代の董仲舒《とうちゅうじょ》の春秋断獄や柳宗元《りゅうそうげん》の復讐議である。」と賞賛したとの文があり、事件そのものを復讐の範疇で受け止めていることがわかる(柳宗元の復讐議については次章で触れる)。問題は、親(ここでは母)が受けた不当なる屈辱に対して子が憤りを発し、屈辱を与えた相手に制裁を加えるという行為が、たとえ殺人にまで至ったとしても、その志ゆえに共感され許容される、ということである。崔鑑のケースは、実は同じく親である父が加害者の側に立っており、仮に父にまで危害を加えたならば、このように許されはしなかったであろうが、話の上では父の果たす役割は小さく、また父自身が母に与えた侮辱は問題とはされていないので、崔鑑が父を狙うことはあり得なかったであろう。やはり、他人から、まして卑しい存在から母が受けた屈辱を子としては見過ごすことはできない、という理屈である。

こういう例から考えてみても、親が受けた仕打ちに対して子が不満を覚えて報復行動に走ることは理の当然として共感され、報復を成し遂げた子に対して高い評価が下される、というのが、当時の価値観であったことは疑いがない。

8 動物の恩返し

最後に、恩人のために動物が仇討ちをしたという、珍しい話を紹介しておこう。

まずは、清朝、雍正《ようせい》三年(一七二五)、北京でのお話。

ある人が北京の西華《せいか》門外の野原を通りかかった。そこで屠者(動物の解体を行う者)が一匹の黄色い犬を引いているのに出会った。いかにも(殺されるのを恐れて)びくびくしているのを見て、この人はかわいそうに思い、この犬を買い取ることにした。代金を払おうとして持っていた袋を開けると、屠者はその中に金がたくさん入っているのを見て、その人を殺して全部奪い取ってしまった。翌日、村の人がその死体を見つけて、県の長官に報告した。確かめに人を遣わすと、一匹の犬が横にいてその死体を守っている。取り調べを済ませると、犬が近づいてきて、ぐるぐると尻尾を振って、あたかも何かを訴えたいようである。長官も奇異なことと思い、「お前は犯人を知っているのかい？」と聞くと、尾を揺らして頷いている。そこで長官は、「犯人を知っているのなら、捕り手を遣わすから、下手人を捕まえて引っ立ててきてくれないか？」と命じた。犬が歩きだしたので、捕り手は後を追い、ある村に来ると草廬の中で寝ているものがいて、犬が彼を襲って嚙みついたので、この男を捕らえた。この男は、犬を見て驚愕し、事件について白状した。長官は、さらに行政の上級へ報告し、この話は中央にも達し、犯人を処刑するとともに、これよりは犬を殺すことを禁じたのであった。

『清稗類鈔』義俠類

命を助けてくれた恩人が殺害された事件で、犬は真犯人をお上に知らせ、見事に仇討ちを成し遂げたという。まことに立派な犬である。

動物報恩話をやはり『清稗類鈔』義俠類からもう一つ。今度は牛である。

呉孝先《ごこうせん》は、隣人の王仏生《おうぶっせい》と水利のことで争い、乱暴で嫌われ者の王は子を引き連れて呉孝先を殴り殺してしまった。呉孝先の息子の希年《きねん》は官に訴えたが、王が長官に賄賂を送っているので、逆に希年の方が罪に当てられて杖で打ち殺されてしまった。もう無実を訴え出る者とてなく、呉孝先の妻の周氏《しゅう》は、飼っていた牛に向かって毎日泣き、「父も子も仇のせいで殺されてしまった。一体この天下で誰か私のためにこの怨みを晴らしてくれるものはいないのかい！」と言った。すると牛は長く鳴くと、王の家へまっしぐらに駆けてゆく。時あたかも王の親子三人は客とともに酒を飲んでいたが、牛は建物へと踏み上り、まず王を角で倒し、続いて息子二人も角で打ち倒した。客も棒で応戦したが、みな怪我をさせられた。

『清稗類鈔』義俠類

これに先立つ話があって、呉孝先の子の希年が虎に襲われそうになった時に、牛は虎を撃退して希年の命を救っているのである。『清稗類鈔』は「力《つと》めて（よく働いて）徳あり」と記す。「有徳の牛」というのも、なんだかよくわからないけれども、非業の死を遂げた主人父子の仇を討ったのは、まことに天晴れというほかない。なかなかどうして、動物だからといって馬鹿にしてはいけない。恩ある人に報いんとする心、おさおさ人に劣るものではない。

復讐の肖像

以上、庶民の行った復讐を紹介してきた。多くの者が金もなければ権力もない、あるのはただ自らの肉体と復讐の志のみという状況で、それでも復讐を果たそうと自らを駆り立てていった。実際には、復讐へと踏みきれずに一生を苦しみの中で生きた者も多かったであろう。あるいは、復讐を志したものの、返り討ちにあって果たすことができなかった者も少なからずいたであろう。成功者の物語は、それが少数であるが故に記録に残される。多くの悲しみは記されもせず、鬱屈したまま漂っている。

とはいえ、いかがであろう。これまで紹介した多くの成功譚も、どこか栄光や勝利の語では表現し難い、屈折した感情を与えはしないだろうか。その原因の一つは、もともとの資料の書き方にもある。例えば父の死がきっかけであったとしても、いかに不当に死に追いやられたか、死に当たっていかに無念であるかを表明したか、についての記述がほとんど欠けているので、何か復讐に向かう切実さがよく伝わってこないという印象はある。赤穂浪士のように、（あくまで劇としてだが）君臣の麗しい関係や家来たちそれぞれの家庭の仲睦まじさが描写され、それが吉良上野介《きらこうずけのすけ》によって無残にも破壊されてしまった、という流れがわかれば、浪士たちの怨みの激しさと復讐への執念もよく伝わってこよう。そういう、ドラマトゥルギーが欠けているのだ。まあ、それは仕方がない。

しかし、それ以上に、もっと本質的なことは、中国における復讐が、行為としてはあまりに露骨な殺人に集約されてしまっているからではないだろうか。突然襲撃して殺害し、死体損壊にまで踏み込んでしまうのは、我々の美学からはかけ離れすぎだ。もし、自分の目の前で起こったならば、目に焼きついて一生涯離れないトラウマになりそうなスプラッター話が多すぎるようである。また、武士の復讐が、イメージ的には、その身分に付きまとう一種の「作法」を踏まえた儀式様のものであるのに対し（実際は卑怯な方法もあったらしいが）、中国の復讐はとにかく相手の殺害をのみ狙っていて、殺伐とした雰囲気が強い。不意打ちもだまし討ちも問題ない。

そして、これもまた資料の性格上、やむを得ないことではあるが、復讐を果たしたのちの、お上による裁き（評価）が必ず添えられていることである。ここまで材料としたのは歴代正史であり、正史はあくまでも王朝支配の正統性を価値観の基本に据えた構成・叙述になっているので（詳しくはあじあブックスの拙著『「正史」はいかに書かれてきたか』を参照）、殺人という違法行為に対して王朝がどのように最終的に対処したかというところが問題とされているのかもしれない。だが、そのことが、復讐行為を、政治的で権威主義的なものへと「貶めて」いるような気がする。国法に触れた彼らを、お上の側がいかに「憐れんで」お慈悲をかけ、救済してやったのかをアピールしているようでもある。おとぎ話が「めでたし、めでたし」で締めくくられねばならないというのと似て、事後の寛大な措置も含めて物語は完結するという、一種のしきたりや強迫観念に近いものかもしれない。

復讐者は、まぎれもない確信犯である。彼らは自分の行動が正しいと信じて疑わない。「復讐は人殺しで、死刑になるぞ」と言ってみたところで、決意は揺らがない。死も負傷も恐れはしないし、何しろ首尾よくいった後で自首する者が珍しくないのだ。テレビドラマなら、復讐のために殺人を重ね、最後の一人を追い詰めたところで（場所はだいたい崖っぷちが多い）、刑事が現れて、「お前がそいつを殺しても、死んだ誰それは喜ばないぞ！」と犯人に言い、それで気持ちが揺らぐというのが多いようだが、中国の復讐者にはそういうことは断じてあり得ない。

殺す相手が父や母の仇であるならば、復讐は道徳的に正しい、親孝行な行為であるからである。この点が、現代人である我々ともっとも異なる認識であり、「殺人」という暗く重い圧迫から彼らを解放している論理である。国法に触れようとも「孝」であるならば、その方がよいのだ。そういう道徳が、往時の人を動かしていたのだ。

父や母にとどまらず、予譲のように主君の例も合わせると、中国の復讐は、要は、亡くなった人（最初に被害にあった人）と自分（復讐者）との間に存在する絆の確認の物語である。復讐したところで亡くなった者が生き返るわけではない。それはわかっているし、別にそういうことを目的にしているのではない。問題は、あるきっかけで自分にとって大切な近しい人が命を奪われ、自分とその人との絆がこの世では断ち切られてしまったこと、しかし復讐することで自分はその絆を忘れていないことを示すということ、そこにあるのだ。死は人の絆を完全に切るものではなく、死者への思いが続く限り、死者は自分の中で生きている。

中国の復讐は、人と人との絆の物語なのである。濃密にして純粋な、愛と情によって結びついた絆の表れなのである。比喩でも逆説でもなく、亡くなった人も生き続ける。生者の心の中で生き続け、生者の人生に影響を与える形で生き続ける。相手はこちらの働きかけに応えてはくれないが、亡くなった者が残してくれたものをこちらは受けとめて、自分の人生を作っていく。現世を動かすのは、決して生者だけではないのだ。それを思うならば、現世の仕組みは、生者のことだけを念頭において作るのではいけないのだ。「死んだものは生き返らない」とは、生物としてはそうであろうが、かつて生きた一人の人間の存在の意味を蔑《ないがし》ろにする可能性を含む、不当な発言でもある。

自分にとって大切な、近しい人が非業の死を遂げた。かつての生と、不当な死と、その両方を昇華する行為こそが復讐である、と解釈することができる。我々現代人は、現世と死後の世界を截然《せつぜん》と分かち、死者と生者を分断し、その間にある絆を切り捨ててしまった。情がないわけではないが、それを優先させることを自粛させられ、そして社会を正統的に構築する唯一の基準である国法の前に立ちすくんでしまっている、というところではあるまいか。我々現代人にとっての「人間理解」は、どのようであるべきであろうか。死者のことを脇にのけた生者中心の考え方で、本当によいのであろうか。改めて、問うてみる価値はあろう。

Ⅳ　官の対応

礼と刑の矛盾

復讐が殺人である限り、当然それは違法行為になる。前漢《ぜんかん》を建てた劉邦《りゅうほう》は、民が秦《しん》の苛酷な法に苦しんだことを思い、「法は三章のみ」として秦の法をほかは廃したというが、その三章の中に「人を殺した者は死（＝死刑）」は残っている（『史記』高祖本紀）。殺人罪は死刑に当たるとは、時代を越えて掟であるとも言えよう。たとえ経書《けいしょ》に「父の仇《かたき》は生かしておくな」と書いてあろうと、国の法律で「殺人罪は死刑」とあれば、死刑に処さねばならぬ。それが法治であり、それが秩序を維持する権威のあり方である。しかし、話がさらにめぐると、復讐のための殺人が死刑であるならば結局国は経書の精神を蔑《ないがし》ろにすることになろうし、結局誰も復讐を実行しようとしなくなるであろう。経書に言うところが古代の聖人が明らかにした真実であるならば、国家がそれを無視してはならない。こうして、往時の人々の議論の用語を使うならば、経書に言うところの「礼」と、国家の法である「刑」との、この矛盾をどうするか、という問題が生じてくる。

しかし、この問題は、復讐を実行する庶民にとっての問題ではない。なぜならば、復讐する者は、もともと自分の命を棄《す》てる覚悟で復讐に乗り出しているのであるから、こうした命知らずに「殺人罪は死刑だぞ」と言ったところで何の意味もない。実際、成功の後、満足して自首して裁きを受けようと名乗り出るものも多く、それはむしろ進んで「刑」を受けようという姿勢であるから、要は「刑」が復讐（殺人）を押しとどめる抑止力にはなっていないのである。もとより、復讐を断念した者にとっては、「殺人罪は死刑」という「刑」は当てはまらないので、矛盾がそもそも発生しない。つまり、一方では「礼」の精神を尊重しながら、「刑」も実行せねばならない、官の立場が、この問題に苦しむのである。

復讐が殺人行為である限り、これは当然矛盾することはわかっている。折り合いなどつくわけはない。考えてみれば、経書ができた段階で既に君主制の社会が形成され維持されていたことは確かであり、経書の作者（？）の頭がせめて並みの出来であれば、この矛盾に気がつくはずであろうから、経書の中にこの矛盾を解くヒントが残されていてもよかろうと思うのである。そういうヒントめいた記述が、確かにないではない。

『周礼《しゅらい》』は、その成立に不確かな要素が多い、問題の書物ながら、それでもその記述のほとんどが紀元前に形を成していたことは間違いない。古代、周《しゅう》王朝の時代の官職に関する説明から構成されているこの書物の中に、調人《ちょうじん》という官職が見える。調人の役割は次のようだ。

調人は、民の間のトラブルを扱い、それを和解させるのが任務である。過って相手を殺傷した場合は、民同士の間で和解をさせる。もし、相手の所有する鳥獣を殺してしまった場合も同じようにさせる。但し、和解が難しいのは父の仇であって、この場合は仇を海外へと行かせてしまう。兄弟の仇は、千里以上離れた地へ追放する。おじやいとこの仇は、同じ国内にいてはいけない。君主の仇は、父の仇と同様に、師匠の仇は兄弟の仇のように、主人や友の仇はおじやいとこの仇のように、それぞれ扱え。しかし、もし遠くへ身を避けようとしない場合には、瑞節（玉）を渡した上でその者を捕らえ（て裁きにかけ）よ。殺人者を殺し返した場合は、その者がどこの国へ行こうとも、行った先々でその者が今度は仇として狙われることとなる。相手を殺してもそれが正当と認められる場合は、他国へ追いやることとして、復讐は許さない。もし復讐したら、その者が死刑に処される。暴力に発展していない言い争いの場合も、和解させる。もし和解が成らなければ、双方の名を書きとめておき、先に力に訴えた方を罰することとする。

いまひとつ不明の箇所もあるのだが、この調人という職は、民の間に発生したトラブルの解決を図る、「調停人」略して調人といったところである。あくまでも過失による殺人については、法による裁きでもなく、まして復讐でもなく、加害者と遺族側がもう二度と絶対に顔を合わせないようにすることで、新たなる「殺人」が起こらないようにする、というのが調人の職である。少なくとも過失殺については復讐という事態を招かないようにという配慮である。

『周礼』では、さらに朝士《ちょうし》という、法を扱う職のところに次のようにある。

およそ、復讐しようとする者は、まず朝士のところへ行ってその希望の旨を書き記し、それから復讐して相手を殺害したのであれば無罪となる。

要は、お上による復讐の管理である。事前に申請があればそれは復讐として認めましょう、ということであって、民による勝手気ままな復讐を抑えようとする意図がうかがえる。例えば、AがBを殺害して、「復讐だ」と言ったとする。しかし、その復讐に至ったきっかけについてはAの申し立てが唯一で、Bが死に、他の証言者もなければ、事件の発端（動機）について確認できないという、極めて危うい状態になってしまう。当事者同士にしかわからないようなこうしたケースでも復讐を認めてしまうと、勝手気ままな殺人を全て「復讐」で言いくるめてしまうケースが多発しかねない。特に、最悪の場合は、相手方の一族もろとも皆殺しにして証言者を一掃しておき、「復讐です」と言って罪を逃れようとする悪党が現れるケースである。『周礼』朝士の事前申告制はその点はクリアーできよう。AはBをこれこれの理由で仇と狙っている、という動機や人物関係が最初にわかっており、双方に尋ねて事実の確認もできるからである。しかし、これは仇として狙われる側にとって有利である。狙われていることがわかるので、逃亡してしまうこともできるし、防備を完全にして逆襲・返り討ちにすることも可能になるからである。そういう意味では、馬鹿正直に申告する者はあるまい、とは容易に想像できるのであり、制度的には優れたものとは言い難いのではないか。

なお、仇として狙われる側は、もちろん身に覚えがあるので、逃亡するケースが珍しくない。名を変えて他の土地へ流れていくと、さすがに追手も跡をたどることは困難であり、『周礼』調人が国外へ避けさせると言っていたのは、それを狙っているわけである。但し、意外であるのは、Ⅲ章で紹介した中にも、狙われる側（＝最初の加害者）が逃げも隠れもしていないと思われる事例が珍しくないことである。仇を探して長年辛苦し……というケースはほとんど見当たらず、討ち果たすまでに時間がかかった場合も、前述のように、復讐者が子供から大人になるのを待っていたという理由がほとんどであって、仇が行方不明であったので探索に時間がかかったということではない。そういう意味では、仇を避けさせるという手も、仇自身が受け入れないかもしれず、お上のご配慮は無駄に終わるかもしれぬ。

唐代の復讐に関する三人の論

経書が規定するような原則論・建前論ではなく、実際に事件が起こった際にどういう論理構成でどういう判決がなされたか、という現実的な対応の方面から、中国歴代王朝の復讐に対する考え方を検討してみるのが、やはりよろしかろう。復讐事件はまさしく中国史を通して起きているのであるが、そうした中で、唐《とう》代における、陳子昂《ちんすごう》・柳宗元《りゅうそうげん》・韓愈《かんゆ》の議論は、当代の高名なる文章家の手になるものとして有名である。中国の復讐を取り上げた文においては常に言及されてきたと言ってよい。そこで、この三人の論を見ることとしよう。

陳子昂・柳宗元・韓愈の三人は、いずれも唐代の人物であるが、その生没年は、陳子昂（六六一〜七〇二）、柳宗元（七七三〜八一九）、韓愈（七六八〜八二四）、であり、陳子昂が柳・韓の二人よりおよそ百年ほど前の人物で、柳と韓は同時期の人物である。陳子昂は女帝武則天《ぶそくてん》（日本では則天武《そくてんぶ》后《こう》と称するのが一般的）の時期に活躍し、柳宗元と韓愈は、徳宗《とくそう》から憲宗《けんそう》の時期にかけて官界にいた（必ずしも活躍したとは言えない）。以下、順番については、陳子昂・柳宗元・韓愈の順に見ていく。柳宗元の文は書かれた年代が不詳であるが、韓愈の文を踏まえた痕跡がなく、また、陳子昂への直接的な批判の形式をとっているために、陳子昂と並べるとコントラストがついて主張の違いもわかりやすくなるであろう。その後に韓愈を置くこととする。なお、彼ら三人の文はそれなりに長く、また経書の引用もあって、説明をいちいち加えているとますます長くなってかえって彼らの主張のエッセンスが曖昧になりかねない。基本的な考え方と結論を中心にまとめておくこととしよう。

(1) 陳子昂の主張

陳子昂の議は、徐元慶《じょげんけい》なる者が、父の仇である県尉の趙師韞《ちょうしうん》を殺害して自首してきた一件に対する処分をめぐってなされたものである。

陳子昂は、まず、徐元慶を絶賛する。苦労を重ねて父の仇を討ち、その後は自首してお上に身を委ねるとは、古の烈士でもこれほどの者はいない。しかし、「殺人者は死刑」というのが国法であって、それによれば徐元慶は誅さねばならない。礼によって刑を廃してはならないし、刑によって礼の義を損なってもいけない。この矛盾はどうすべきか。

もし徐元慶を無罪とすれば、それは国法をないがしろにすることとなり、後世への悪影響は大きい。罰は与えねばならない。しかし、徐元慶の行いそのものは乱を企てたものでもなく、孝子の鏡と言うべきである。また、その行いの貴さは、大切なる自分の命など全くかえりみずに復讐に取り組んだことにある。彼が今後下手に長生きして生を貪るようなことになっては、せっかくの義挙にも傷がつきかねない。その潔さを買ってやろう。そこでこうなる。国法に基づき、彼を死刑に処する。但し、その行いはまことに見上げたものであるので、彼のいた村の門や彼の墓には大いに彼を顕彰する文を入れ、彼の行いを誉め称えることとしよう、と。

この主張は、大方の同意を得、その通りに実行されたという。

陳子昂の主張は、死刑にはするが賞賛もする、大いに誉めるけれども結局死刑に処する、ということになる。一方の評価のみをとることをせず、矛盾をそのまま実行してしまうのである。これでいいならば、実は悩む必要はどこにもないのであって、わざわざ朝廷で議論をするまでもない。次に掲げる柳宗元はそこを批判した。では柳の議を見よう。

（2）柳宗元「駁《ばく》復讐議」

柳宗元は、武則天の時に起こった徐元慶が父の仇である趙師韞を殺害し、陳子昂の議によって死刑にされつつも顕彰された件について、自分はその判断は誤りであると思う、と言う。よいことをしたから顕彰し、悪事を働いたから誅殺するのであって、それ故、顕彰と誅殺の両立は本来あってはならないことなのである。

復讐事案については、個々の事情をよく考えねばならない。徐元慶が父の仇である縣尉の趙師韞を殺害したというが、ではもともと彼の父を趙師韞が殺したのはなぜであったのだろうか。もし、彼の父が本来法に触れる行いをして国家の誅を受け、趙師韞はその執行官に過ぎないのであれば、徐元慶が趙師韞を殺したのは復讐には該当せず、徐元慶は賞賛には値しないことになる。だが、徐元慶についてはそのようなことはないようであり、彼は国家の法をないがしろにしようとしたものとも認められないから、本来国法が念頭に置く無法者には当てはまらず、それ故、彼を誅殺したのは間違いであった。

柳宗元は、徐元慶の行いを孝子の正当なる復讐と認定する。それならば、彼の行為は、国法に言う悪の行いとしての「殺人」とは異なり、経書に勧める行いと一致するものであるから、徐元慶は許されるべきであると考えるのである。

（3） 韓愈「復讐状」

韓愈の意見は、梁悦《りょうえつ》が起こした復讐事件を契機として元和《げんわ》九年（八一四）に提起された議論に発する。しかし、韓愈は、この梁悦事件については一切言及せず、復讐一般を想定した論を展開する。

復讐に関する裁きの文は、刑法たる律には規定がない。それは欠文なのではなくて、敢えて入れられていないのである。経書に言うところは、時代的な制約もあって現在そのまま適用できるとも限らない。そもそも復讐と一口に言うが、その事情は千差万別で大いに違っている。事案が起こった時に裁くのは役人であり、そのみながみな経書や律の精神をよく理解しているとも限らない。そこで、復讐に関するかと思われる事案が出たら、尚書《しょうしょ》省に奏上して議論し事情を勘案して処理することとする、こういう段取りに決めておくのがよい、と韓愈は言う。つまり、復讐に関する原則は敢えて決めておかないのがよく、法律にも盛り込まないのがよいという判断である。

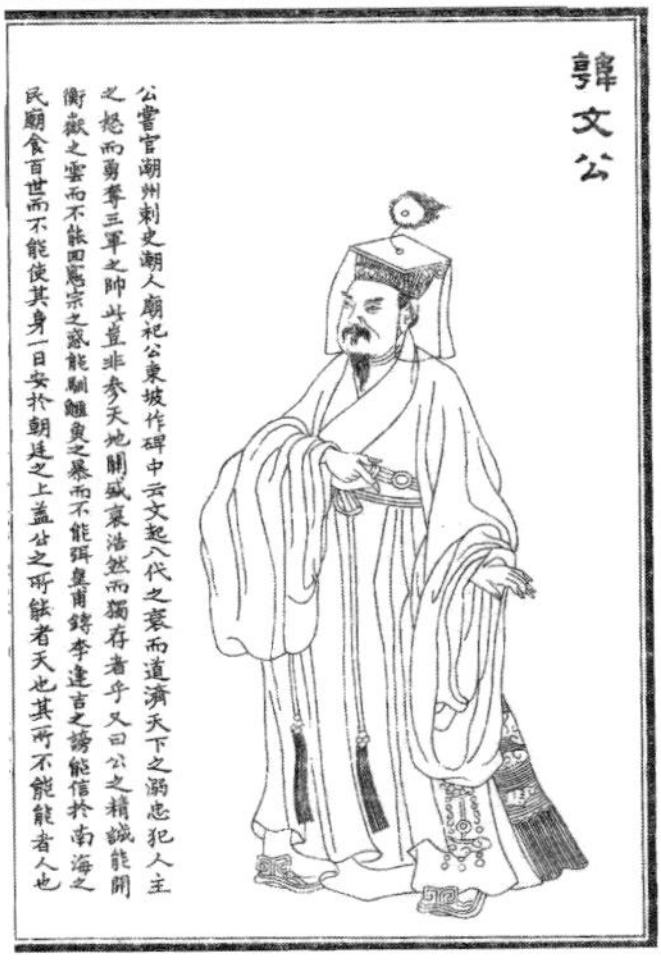

上：柳宗元
下：韓愈
（『晩笑堂画伝』）

以上三者の議論の特徴を確認してみよう。

陳子昂の議論は、ほぼ全篇、徐元慶の行動に対する評価をめぐっての議論になっていて、必ずしも復讐に関する一般論を展開したものではない。具体的な処置として、徐元慶は死刑に処さねばならないことを明確に述べ、しかもそれは国法の定めだからというだけではなく、ひいては徐元慶自身の名誉を守るためにもなるという。徐元慶は、大切なる命の危険をかえりみず志を果たしたまさに烈者・義士であり、むざむざ生き延びることでその節義を台なしにしてはならない。死ぬことによって彼の行いの純粋さが成就するのであり、それ故にも彼は死ぬべきである、と陳子昂は言う。同時に、死刑にはするが、徐元慶の行いは賞賛されねばならないともはっきりと述べている。国法に従って死刑にはするが、それによってむしろ彼の行いは完全になり、刑死と旌表《せいひょう》とは両立し得る、という結論になるのである。

柳宗元は、陳子昂の議論の、徐元慶に対する絶賛の部分はほぼ完全に引き継ぎつつ、それならばしかし徐元慶が処刑されるのは理不尽であると判断する。孝であり義であるならば彼は刑死してはならない。もし彼が刑死させられるなら、それは彼の行いが犯罪に該当するからであって、それならば旌表されてはならない。評価はどちらか一方のみであって、両立はあり得ないとし、陳子昂の主張と当時の措置を非難し、今後そうした議論をしてはならないと戒めている。柳は、『周礼』や

『春秋公羊伝《しゅんじゅうくようでん》』の具体的な記述を引いて、復讐に対する肯定的な見方を強調し、復讐に該当するならば、それは義として肯定されるべきであり、処刑の対象となる犯罪行為から除外される、という理屈を考えているものと解せられる。

韓愈の議論は、本来は元和九年に梁悦が起こした復讐事件を契機として提起されたものであるのだが、その事件について一切の言及はなく、一般論に終始している（先に起こった徐元慶の案件についても一切触れることはない）。また、今後起こり得る場合も含めて、事件を処理する有司の側の立場に配慮しているのも独特だ。律の中に復讐に関する規定がないのは、決して漏れではなく、規定がないことそれ自体に深い意味があるとみなし、復讐事件については個別案件の事情をよくよく調べてそのつど結論を議することにしようという、手続きに関わる結論を導き出している。復讐と認定できるかどうかの状況判断の問題、認定者である役人の問題もあるから、律の中に規定を設けてはかえってよろしくないとするのである。『周礼』や『春秋公羊伝』の具体的な記述を引いて、基本的に復讐行為それ自体は是認しつつ、同時に、そうした経書の記述には現在に適用できないところもあることを指摘する。復讐についても、歴史性や条件性の考慮が必要であるとするのが、韓愈の特徴である。しかし、そういう意味では、復讐事案への対処の方向性、王朝としての評価について何ら触れるところがないのであって、「結局どうすればいいんだ？」という疑問に答えるものではない。

三人の議論の背後にあるもの

以上の陳子昂・柳宗元・韓愈の議論に共通するのは、復讐行為は親孝行な行いであり、倫理的に正しいものであるとする評価である。しかも、その評価は、復讐は経典に明記されている「礼」に合致するものとして権威づけられている。復讐そのものに対する否定的な評価は、誰にも見られない。

しかし一方、民による自由な復讐を放置・容認することに対しては、三人とも適切とは思っていない。国の法律が「殺人は死刑」と決めていることと矛盾が生じるからということだけではなしに、復讐に名を借りた殺人行為が民間にはやりだして止めようがなくなるからという理由である。

ところが現実への対処では食い違いを生じ、陳子昂と、柳宗元・韓愈の二人との間で説が分かれている。即ち、陳子昂は、刑死と旌表とを両立させようとするのに対し、柳宗元と韓愈は、それらは決して両立し得るものではなく、排他的に一方のみをとらねばならないとするのである。復讐はもとより殺人行為として成立するものではあるが、柳宗元と韓愈（はっきりと断言はしていないけれども）は、もし復讐であると認められたならば、国の定めた犯罪としての殺人とは区別され、無罪とする結論もあり得るかのようにも見える。実際の事件が起こった場合の対処としては、この両者間では大きな差が生じるのであって、先述のような大きな共通点を有しながら、どうしてこういう結論になってしまったのであろうか。論理的には、柳宗元の説が筋が通っている。確かに誉めることと処刑することは並立してはおかしいのだ。誉められるほどの立派な人物を処刑することは、価値観の不安定を意味するものでしかない。そして、多様なる現実に対応するには、いたずらに法律に明文を入れない方がいいとする韓愈の言い分も、当時における法のあり方としてはわからないでもない（何しろ皇帝という、法を超えた存在がいるのだから）。となると、陳子昂が不条理の説を唱え、それが当時に認められたのは、陳子昂とその周囲にはものわかりの悪い人しかいなかったということになるのであろうか。彼らはこんな初歩的な矛盾にも気がつかなかったのであろうか。

以下、想像を交えて、陳子昂のために多少の弁護を試みたい。

陳子昂は、武則天（則天武后）期に活躍した人である。中国史上、唯一の女帝である武則天は、その皇帝即位までの間に反対勢力を追い落とし、有力な旧臣たちをも多数処刑・左遷に追い込んでいる。即位後もまた然りで、密告の制なども導入し、残虐な刑罰で無実のまま殺される者も多かった。陳子昂は、そうした残虐な刑に反対し諫める文章を、敢然と彼女に提出している。国法による処刑は、当然、名誉をも奪う。つまり、無法な悪党だから処刑されるのであり、処刑されればさげ

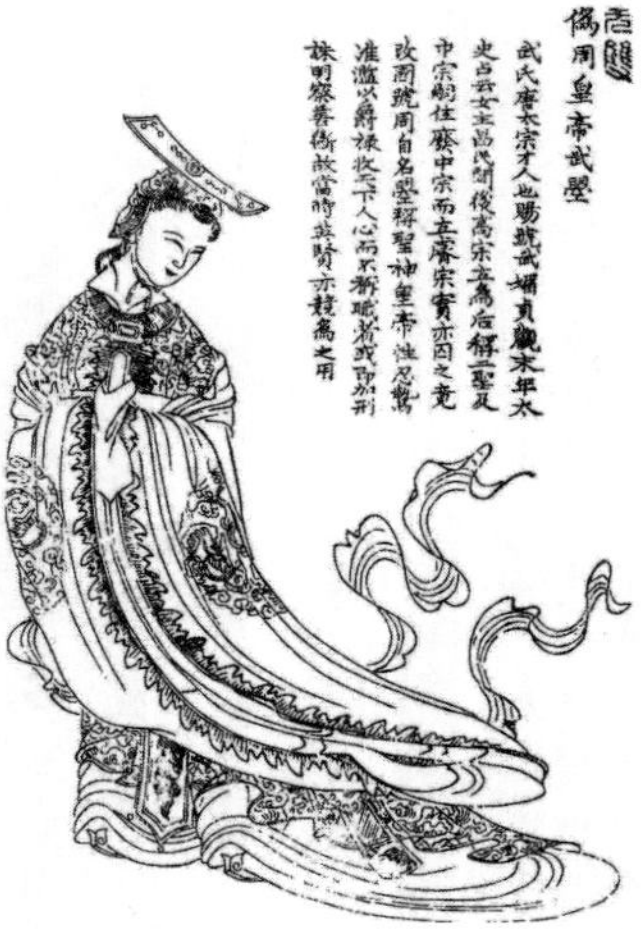

武則天（『無双譜』）

すまれ卑しめられる存在になってしまう（なお、武則天で面白いのは、卑しめる際に、名字を変えさせ、いかにも嫌われ者風の名字にしてしまうケースもあったことである）。陳子昂は、そうした無実の者が多く国法の名のもとに処刑され同時に名誉をも失うのを憂慮し、処刑は阻止できないにしてもせめて名誉が保たれるような、つまり処刑と顕彰が両存し得るような道を開こうとしたのではないか、と私は想像している。武則天によって進められる現実の政治の動き、押しとどめ得ない流れそのものはどうしようもないのなら、せめて流れに逆らった者の全否定だけは避けて、名誉を残すことができる方法を、この復讐事案への対処で示そうとしたのではないだろうか。

陳子昂も周囲も、実は処刑と顕彰が矛盾であることはわかっていたに違いない。復讐事案はそれ以前の歴史にも多くあり（先に見た通りだ）、罪に問われず顕彰されてきた例があったことを、陳子昂も知らないわけはない。陳子昂の議論を見れば、故意に徐元慶を死刑に処する方向を強調しているようにしか思われない。「死ぬことで彼の義が成就する」などとは、大きなお世話としか言いようがない。実は武則天は徐元慶の罪を許そうと思っていたのであるが、陳子昂はそれに異を唱え逆らっているのである。その意味でも、陳子昂の議論は武則天に対する一種の抵抗の意味があったのではないかと、私は想像するのであるが、どうであろう。

一方の、およそ百年後の柳宗元と韓愈の時代は、直前に安史《あんし》の乱という、唐王朝の屋台骨を揺るがす大事件があり、当時、地方の行政と軍事を握っていた節度使の勢力をいかにして抑えるかに苦しんでいた時代であった。徳宗は、節度使抑圧を狙ったが時期尚早であったろうか、逆に攻められて都から逃げ出す有様であった。憲宗に至ってようやく削減政策が実を結び、実効を得られだしたが、柳と韓はまさにそうした時期に官界にいた。韓愈の「復讐状」はこの憲宗の時代に出されたものである。柳宗元と韓愈の二人は、王朝の支配の弛緩を身に沁みて実感しつつ、しかし改めて勢力の巻き返しを図る、そういう流れの中に身を置いていたと言えよう。

『新唐書《しんとうじょ》』刑法志に、「憲宗は賢明かつ決然としており、即位以来、節度使らの地方勢力を懲らしめて、彼らの勝手な振る舞いや反抗を鎮めようとした。法や決まりに従うことを第一としたが、刑罰の適用に当たっては思いやりある扱いを好んだ。」と言う。憲宗期のこうした雰囲気を受け、王朝の権威を貴び、その支配の立て直しを図り、倫理的な原理原則の貫徹を目指す、そうした姿勢が彼らの中にあったと思われるのである。要は原則重視で、曖昧さを残さず、よいものはよく悪いものは悪いという筋を通すという方針だ。処刑と顕彰の並立などは彼らにあっては許されるわけがない。この同時代の二人が、しかし完全に一致していないのは、それでも彼ら二人の個性であろう。二人の内ではどちらかと言えば、韓愈の方がやや政権に迎合的で、柳宗元から非難されているところもある。柳が原則論としてやや強めであろうか。

唐代の陳子昂・柳宗元・韓愈の三人の議論の違いは、彼ら三人の文人としての個性に基づくものもさりながら、その背負っている時代や状況などによるところもあると思う。してみると、やはりこの復讐事案というものは、時代を超えた原則論で対処することが難しいのだということがわかろう。現に、紀元前から数多くの復讐事件が起こって文献に載せられており、自分たちに近い時代にもいくつも事件はあったはずである。ところが、いざ自分の時代に復讐事件が起こると、そうした先例を参照して結論を決めるという方法をとろうとはしていない。原則では貫けない、状況による総合的判断が必要なのだ、ということを、やはりみなわかっていたのであろうと思われる。

唐滅亡後の五代《ごだい》と呼ばれる時代の王朝の一つ、後唐《こうとう》（九二三〜九三六）の時、高弘超《こうこうちょう》が父の仇を刺殺して首をあげた事件に際して、大理寺《だいりじ》（司法をつかさどる役所）が故殺傷の罪に当てようとしたのに対し、刑部員外郎《いんがいろう》の李殷夢《りいんぼう》が反対意見を述べる。高弘超は父の仇を討ち、天に恥ずるところもなく、死を恐れもしない。歴代、復讐事案については死罪を免ずることが多かったとして、李殷夢は、長慶《ちょうけい》三年（八二三）の康買徳《こうばいとく》が父の仇を殺害した事件、元和六年（八一一）の梁悦が父の仇を殺害した事件のいずれも死罪を免じていることを挙げている（『冊府元亀《さっぷげんき》』巻八九六　総録部・復讐）。復讐事案に対して先例を挙げて処分を決めようとしたこういうケースは、決して多くはない。また、この李殷夢の場合にも、高弘超の罪を許そうとして実は自説に都合のいい例のみを出しているのであり、例えば先に陳子昂のところで出た徐元慶の例（死刑になった！）は、李殷夢は引用していないわけである。これでは実は先例主義もあまり意味はなく、自分の主張に都合のよい過去の例を持ってくるだけなら、議論の根拠にはならない。

また、南朝宋《そう》の人、鄭鮮之《ていせんし》は、「もしも、過去における事例を多数集めて一般的な原則を引き出したなら、孝子は法律を気にして復讐をしなくなることでしょう。」（『宋書』鄭鮮之伝）と言っている。鄭鮮之の心配は、もしみなが復讐＝殺人は死刑という法の定めを気にし始めたら、死刑はいやだから誰も復讐に乗り出さなくなるかもしれない、というところにある。民が法をかえりみずに勝手に復讐（殺人）を行うのはお上としては困るけれども、かといって、民の内に復讐を行う者がいなくなるのも実は困るのである。復讐は聖人の残した経典にも記された、道徳的に正しい行為だからである。前者の悩みはルールの維持の問題であり、後者の悩みは人道上の問題であって、やはり本質的には後者の方が重大問題である。

復讐を禁じる

さて、朝廷の高官で、学問を深く修め、文人として有名な先の三人でも、復讐それ自体を否定する考え方はない。とはいえ、復讐について禁令が出されたこともある。小説『三国志演義《さんごくしえんぎ》』の悪のヒーローである曹操《そうそう》の息子で、ついに後漢《ごかん》王朝から位を奪って魏《ぎ》王朝を開いた曹丕《そうひ》、魏の文《ぶん》帝が黄《こう》初《しょ》四年（二二三）に次のような禁令を出している。

騒乱以来、戦いはいまだおさまることなく、天下の者どもは互いに殺し合っている。今、ようやく世は静まり、敢えて個人の怨みを晴らすため復讐する者があれば、その一族をみな死刑に処することと定める。

『三国志』魏書・文帝紀

そのさらに三百四十年後、北周《ほくしゅう》の保定《ほてい》三年（五六三）、高祖《こうそ》武《ぶ》帝も禁令を出す。

天下の復讐を禁じ、もし違反する者がいれば殺人罪として罪に当てる。

『北史』周本紀《ほんぎ》・高祖武帝

これらの例は、いずれも中国の分裂期に、民間で暴力が横行し秩序が乱れた際の例外的なものと考えるのがよかろう。本質的な復讐否定の根拠は何も提示されていないからである。その意味で、王朝側も絶対に認めないという姿勢ではない。

そして、重要なことは、たとえ法が殺人を禁じようと、復讐のためであれば、その後の刑罰などは恐れず、民は復讐に走ったということである。民は、別に経書の教えだから復讐したのではない。前述のように、彼らは経書など読んでいない。彼らの道徳として正義として、復讐を認識している。それが経書にも「礼」としてオーソライズされているに過ぎぬ。そうした民の行動原理を、王朝側はせき止めることはできない。王朝が定め、専権事項として行使し得る独自の力は、「刑」である。これは民が持ち得ない、王朝の専売特許である。従って、これをいかに有効に行使するかに、王朝は自主性・優越性を発揮せねばならない。価値観としては民と同じ土俵に立ちつつ、しかし評価者として優越した位置に立ち、時として「刑」をぎらつかせて戦慄《せんりつ》せしむる、それこそが王朝側にとっての復讐事案への基本的な対処の仕方なのであった。この一線が守られるならば、死刑であれ、島流しであれ、果ては無罪であれ、刑に違いが生じても王朝の権威は揺らぐものではない。

その意味では、一見したところ、復讐者が自首した場合、復讐行為を誉めるべきか、殺人者として死刑にすべきか、で悩んでいるように見えても、実は王朝側としては本気で苦しむ必要はない。復讐事件は民は大概共感するので、復讐だというところを大いに誉めて、皇帝による超法規的措置によって無罪にして、お上ものわかりがいいところを示せばいい。被害者が役人だったり、事件があまりに無惨だったりしたら、復讐の要素を割り引いて殺人事件として処理すればいい。説明はどうにでもつく。紀元前から清朝《しん》までの伝統中国で、同じような事件が起き、同じような対応がくりかえし行われてきたのは、ひとえにこういう事情によるものと考えられよう。

本来復讐は個人的なものであるから、お上の事情など何も考慮せずに勝手な復讐が行われることもある。次の話は北周の時代のこと。

柳雄亮《りゅうゆうりょう》の父である柳檜《りゅうかい》は、反乱を起こした黄衆宝《こうしゅうほう》によって殺された。柳雄亮はその時十四歳であったが、悲しむこと甚だしく、復讐の志を抱く。武帝の時に、仇の黄衆宝はその手下を連れて帰順し、都長安《ちょうあん》へとやってくる。武帝はこれを手厚く迎えようとしたのであるが、待ち構えていた柳雄亮は黄衆宝を斬り殺し、自首して出る。武帝は特にこれを許した、という（『隋書《ずいしょ》』柳雄亮伝）。

このケース、黄衆宝の扱いについては王朝としては大いに気を使うところである。帰順を受け入れることは、大きく二つの利点がある。一つは、他の反乱者に与える影響である。帰順すれば厚遇されるとわかれば、逆らうのを止めて平和的に北周へと従うものが増える可能性がある。もう一つは、帰順した者を今後王朝のために役立たせることができるということである。うまくいけば、精強な軍隊を手にすることになる。それ故、王朝としては、黄衆宝の帰順を歓迎し、その扱いに慎重に対処したいところであっただろう。しかし、柳雄亮にとっては父の仇である黄衆宝を殺すというそのことしか頭にはない。国の都合など一切彼には関わりない。めざす仇討ちを成し遂げた彼は、満足して自首する。内心では武帝はどう思ったのかは知らないが、復讐によるものであるから許すこととしたのであった。復讐がそれほどまでに大きな意味を持つものであれば、国家は本質的に復讐を否定するものではない。但し、復讐を管理下に収めたいということではあろう。

復讐対策の明文化以後

復讐事件が起こるたびに、時の王朝は、毎度毎度同じ議論を蒸し返しつつ、事件の事情を探り、状況に応じ対処をしてゆく。長い間、復讐に関する法律上の明文は成されなかったけれども、ついに元の時代に明文化された。その文は以下のとおりである。

諸《すべ》て、人がその父を殺死し、子のこれを毆りて死《ころ》せし者は、坐せず。仍《な》お父を殺す者の家より、焼埋銀《しょうまいぎん》（被害者の埋葬費）五十両を徴す。

『元史《げんし》』刑法志

「復讐」の文字こそないけれども、これが復讐に関する規定であることは明らかである。もともと、祖父母や父母が殴打されたその場で子孫が反撃した場合の規定は存在し、唐律《とうりつ》には次のように記されている。

諸て祖父母・父母、人の殴撃するところとなり、子孫即ち（直ちに）これを殴撃せしは、折傷するにあらざれば論ずるなかれ。折傷せしは、「凡闘折傷」（一般の傷害）より三等を減じ、死に至るは常律に依れ。

『唐律疏議《そぎ》』闘訟

祖父母や父母が人から殴られ、子孫がその場で直ちに反撃した場合、もし相手が怪我をしなければ罪には問わない。怪我をしたなら、傷害罪を適用するけれども、怪我の度合いに応じて一般のケースから罰は三等軽くする（例えば、歯を折ったなら、通常の傷害なら刑は徒〔懲役〕一年だが、この場合には減刑して杖〔棒叩き〕八十になる）。但し、相手を殺してしまったなら、特別扱いせずに通常の律によって決定せよ、というのである。唐律では、その場で直ちにということと、相手の殺害は認められないということの、この二点が大きな条件として、復讐に制限を加えている。つまり、これでは、ここまで例を挙げたような復讐を「公認」するということは原則としてあり得ないということになる。

先に挙げた元代の規定は、若干微妙である。父が殺されたのと、子が反撃したのとの時間差が曖昧であるからだ。これが、明《みん》代の律になると、もっとはっきりと記している。

凡《およ》そ祖父母・父母、人の殴るところとなり、子孫即時に救護し還って殴りしは、折傷するにあらざれば論ずるなかれ。折傷以上に至りては、「凡闘」より三等を減じ、死に至るは常律に依れ。もし、祖父母・父母の人の殺すところとなり、而して子孫の凶を行いし人を擅殺《せんさつ》せしは、杖六十。その即時に殺死せるは論ずるなかれ。

『大明律』闘殴・父祖被殴

祖父母らが被害にあったその場で反撃して相手に怪我がなかったら無罪。相手に怪我をさせたなら、一般の傷害罪よりも三等を減じるが、もし相手が死んだ場合には殺人罪を適用する。もしも祖父母らが殺されたのであれば、下手人を子孫が勝手に討ち果たした場合は杖六十、但し（祖父母らが殺された）その場での反撃ならば、相手を殺しても罪には問わない、ということになっている。

この規定ははっきりしていて、末尾ではその場での反撃ならば相手を殺しても無罪と言っている。したがって、その前の文では祖父母らの殺害と子孫による反撃との間にタイムラグがあるケースを言っていると考えられる。明に続く清の律もこの内容を引き継いでいる。

しかし、以上のような法の規定を見ても、これによって判断がしやすくなったとは、必ずしも思われない。現実は、法の想定を超えてもっと複雑で、多様なものである。復讐を行ったタイミング、使用した武器、殺害方法や巻き添えになった者の有無、その他、最終的判断に向けて考慮すべき事柄はあまりに多い。そもそも、どの時代の法律も、結局「復讐」の意の文言を使っておらず、肝腎のところは結局明記できなかったも同然ではないか。条文を読んで解釈すると、「これって復讐のケースだよね」と推測できる、そういう書き方でしかないのではなかろうか。いや、もちろん、それだけでも重要なことではあろうけれども、しかしやはり「復讐ならば殺人もOK」とは明記しづらいのだ。

清代に起きた復讐事件については、『刑案匯覧《けいあんかいらん》』などの判例集をもとに検討した小口彦太氏の研究がある。論文の終わりで、小口氏は、

清代法が唐代法などと異なって復讐に対する対応を実体法の中に取り込んだがために、法の解

釈・適用において困難な事案を抱え込むことになったことは否めない事実である。條文の字義どおりに解釈すれば自動的に結論が導き出されるといったいわゆる文理解釈で以ては処理できない事案に刑部らはしばしば直面することになる。

と指摘している。確かに復讐事案への対応が法に書かれたとはいっても、結局、個々の事件にまつわる状況をさまざまに勘案して議論をするという、基本の線は何ら変わることはなかった。やはり、現実は多様であり、法に規定されている通りの事件など起こらないのである。

それに加えて特に言っておくべきは、復讐事件は、実は親族同士の中で起こっている事例が珍しくないということである。小口氏が、「清代の各種判例集を見てみると、そこに収録されている復讐事案中、同姓親族間のそれの件数がかなり多いということに気がつく。」と指摘しているのは、極めて重要である。確かに、私が調べた正史類でも、「族人」が父を殺害したのがきっかけになった例などが目につく。旧中国の法律は、家族や広く親族間の事件について特別な関心が払われている。特に、卑属が尊属に対して傷害を与えたなどという場合には一般人同士の場合より罪が重くなる（立場が逆なら罪が軽くなる）など、家族内における長幼の秩序を乱す行為には厳格に立ち向かう姿勢がはっきりしていた。要は本来親族内で事件など起こってはならないのである。しかしながら、実際には、たとえ血がつながっていようとも人間関係は円滑とは限らない（現代だって同じことだ）。ましてや大家族での暮らしは大変である。仇が尊属の場合の復讐事案でも、こうした原則を適用するならば、当然罪は重い方向へと進められることとなろう。ところが、その点が反映されていない例があることを小口氏は指摘している。やはり動機が「復讐」であるというところによって、その原則が外されたのであろうか。

そして、もう一つ気がつくことは、復讐者に対して、減刑する方向が強く志向されていることである。判決を出すに当たって、事件そのものにぴったり当てはまる法の条文がない時には、他の条文を援用して類推適用を試みる（比附《ひふ》と言う）のであるが、復讐事案に関しては、刑が重くなるような議論はまず例がないと言ってよい（あるとすれば、最初の判断に事実認定や適用条文に誤りがあって、上級審がそれを覆した場合である）。もともと、旧中国の刑法では、本来死刑に当たるような犯罪を行った人間を殺害した場合には、罪が軽くなる、という規定がある。国に代わって死刑を執行してくれました、とでも言いたいのであろうか。多くの場合、復讐によって殺された「仇」は、かつて復讐者の父を殺しながら野放しにされていた状態であるわけだから、それを適用すれば、方向性としては減刑は適切な措置ではある。

それにしても、やはり復讐行為の持つ意味の重大さは特別と言わねばならない。心情的には、復警事案に対して誰も厳刑で臨みたくはないのだ。結果的には、法の条文に規定が入れられたとはいえ、それによって裁判が楽になったわけでもなければ、世間一般の考え方に変化を与えたのでもないようである。

V 復讐を超えて

なぜ、復讐するのか

ここまで四つの章にわたって、中国歴代の復讐物語を紹介してきた。私の紹介の仕方にも理由はあろうけれども、「仇《かたき》を討ち果たして勝利の凱歌《がいか》！」といった印象を受ける話は少なかったのではないかと思う。執念深さに驚き呆れるものであったり、工夫が鼻につくものであったり、あるいはむしろ酸鼻を極めた無惨な話であったり、どこか素直に「仇が討ててよかったね」と言い難い感じもあるかもしれない。それはなぜであろうか。

その大きな理由の一つに、仇討ちをすることになったきっかけの出来事がいまひとつよくわからないという点があろう。「父の仇！」というのはいいけれど、「もともとお父さんには落ち度はなかったの？」という疑問はどうしてもある。本来、そこを問わずして、復讐者の方に理はない。父が何か犯罪を行おうとして正当防衛で殺されたというケースで子が復讐したら、それはやはり逆恨みとしか言いようがない。前述のように、経書《けいしょ》に「お上に誅された場合は復讐してはならない」と書いてあるのは、ある意味至極もっともである。父には何ら悪いところがなかったのに、不当にも殺されたというのでなければ、復讐は正しいことにはならない。となると、父の仇はれっきとした犯罪者であって、なぜそれが野放しにされているのか、理解に苦しむところである。捜査の手が行き届かなかったのであろうか？　ここまで掲げた例でも、仇が近所で平然と暮らしているケースが少なくない。また、実は血のつながりのある一族の者同士のケースも珍しくなく、一体どうなっていたのかと首を傾げたくなる。しかし、このもともとのきっかけについては資料には触れられていないことが多い。復讐という「壮挙」の前には、もはや問題ではなかったのかもしれない。

理由のもう一つは、親（特に父）の仇をどうしてそこまで執拗に討とうとするのか、という点に対する疑問である。いや、それはもちろん、悔しいからだろう、とは容易に想像できる。しかし、そういうただの感情論では、法の裁きに任せるのではなく、なぜ子が自ら仇を討たねばならないのかという必然性に対する理解が充分ではないのではないか。III章に引いたように、役所に連行されるところを狙って襲撃、殺害した例すらある。これから法が裁いてくれるのに、なぜ自ら殺人罪を背負う危険を犯してまでそういう行動に出ねばならないのか。それは、お上に対する不信（きちんと裁いてくれないだろう、とか）によるものではなく、やはり、自分の手で仇を討たねばならないという、強い必然性が感じられてならない。

しかも、資料を見るならば、息子が父の仇を討つ例が飛び抜けて多いことが注意される。その意味では、復讐という行為は全ての人間関係において均等に成り立っているものではない、と言わねばならない。息子が母を思う気持ちも強かろうに、母の仇を討つ事件はあまり見当たらない（家から外に出ない母が非業の死を遂げる可能性が小さいせいもあろうが）。また、親が子を思う気持ち、夫婦が互いを思いやる気持ち、それだって父と息子の間に劣らないほど強いと思うのだが、そういう場合の復讐は極めて少ないのである。

なお、中国においては主君の仇を討つ例は大変少ないが、それは、皇帝登場以降は「主君」に当たる存在は皇帝以外には存在し得ず、その皇帝が非業の死を遂げるケースが少ないこと、またそういうケースでは皇帝を死に追いやった力としてまさしく国家そのものを相手にすることとなり事実上復讐は不可能であること、による。魏晋南北朝《ぎしんなんぼくちょう》期のように短命王朝がめまぐるしく交代する時期には、「亡くなった帝の仇を討て！」の類の発言があり、のち、北宋《ほくそう》が滅び南宋になってからも「国の仇」「帝の仇」の語がしばしば見られる。やはりこれらは、始皇帝による統一がなされそれを常態と意識する中国史の流れの中での特別な状況に合わせて現れたものとして扱わねばならないであろう。そして、この場合の仇討ちは、「忠義」としてむしろ理解される。そこで、中国における忠義の話は、皇帝のために命を捧げたというケースにほぼ限られることになると思う。中国に忠義が少ないわけでは決してなく、歴代正史には忠義伝がちゃんとある。

従って、中国における復讐については、父と息子とをつなぐ特別な何かがあって、そこに復讐を強く要求する理由が存在する、と考えねばならない。

穂積陳重『復讐と法律』

日本で復讐について論じた本のうち、特に広く読まれたと思われるものに穂積陳重《ほづみのぶしげ》（一八五五～一九二六）の『復讐と法律』がある。ずいぶんと古い本ながら、東京帝大教授にして碩学《せきがく》の穂積陳重博士によるこの論は、岩波文庫に入っていることもあって、人々の目にも触れやすく、多くの読者を獲得してきたことであろう。内容も、日本や中国はもとより、ヨーロッパにも話は及び、さらに世界の諸民族の例を取り上げて、博士の該博なる知識に圧倒される著作である。

しかしながら、「何故に復讐を行うのか」という根本的な問いに対しては、必ずしも充分な答えを出してはいないように思われる。

例えば穂積博士は、「およそ生物にはその種族的存在を害する攻撃に対する反撃をなすの性質がある。」（文庫本、二七ページ。以下表記同じ）として、次のように言う。

復讐は人類の種族保存性に基くものであるから、この現象は人類の一般的現象である。故に、国家の組織が整備し、団体の公力を以て団体組成員の存在及び発達を保障し得るに至るまでは、いずれの社会においてもこの復讐なる現象は存在するものであって、現在の文明国にありては過去において存在し、現在の半開以下の諸国においては今現に存在する現象である。再言すれば、復讐なる現象は、洋の東西、時の古今を問わず、人類の共同生活において、ある時期において必ず一たびは経過せざるべからざる社会的進化の経路において現われる現象である。

（二八〜二九ページ）

この『復讐と法律』という書物に収める「復讐と法律」という論考には、目次に「復讐義務時代」とか「復讐制限時代」とかの言い方があり、穂積博士は、復讐に関する考え方に歴史的な展開があることを認める。「種族保存」なる理由の下、当初は野放図に行われていた復讐に対し、文明が発達するにつれて制限がかかり、特に法律が整備された後は刑によって復讐の要はなくなる、といういかにも法律家らしい観点を示している。

穂積博士の論は、やはりいかにも明治維新により近代国家への道を歩む新生の文明国日本を誇るような気概に満ちていて、それ自身、歴史的な産物であることをよく物語る。復讐の横行した江戸までを野蛮と切り捨て、法律の治める文明国に日本は生まれ変わったのだと言いたげな、自信と誇りと啓蒙の意欲とが満ちている。しかし、我々の眼からは、ずいぶんと一方的な見方であるように感じられる。まず、復讐の理由が「種族保存」であるとはいかにも承服し難い。そもそも博士の言う「種族」とは何であろう。何らかの人間集団を指すのであれば、復讐し合うことの方がよほど種族保存にはならないであろう。そもそも復讐は明らかに個対個の争いであって、種族の語で理解し得るものではない。また、文明の進展により復讐は制限され禁止されるとの、いわば進歩発展が起こるというが、それは復讐に対する権力の対応の仕方の次元の問題であって、復讐それ自体に関する思想の問題ではない。現に、中国で言えば、復讐は殺人であるから、紀元前から法律上は明らかに禁じているにもかかわらず、清《しん》朝末期まで復讐事案が後を絶たないのはなぜであるか。復讐それ自体についての考え方が変わらなければ、二千年の時を越えて復讐という行為自体は止むことはないのであって、権力の対応はむしろ権力の側がどこまで人々の行動や意志を把握・管理できるかという国家の論理に発するものであり、復讐の本質とは関係するものではない。穂積博士の論は、時代の雰囲気を強く背負ったものとして、慎重に受けとめる必要がある。それは、あたかも唐《とう》代の陳《ちん》子昂《すごう》・柳宗元《りゅうそうげん》・韓愈《かんゆ》らの言が時代の雰囲気を背負った政治的なものであったのと似ている。

復讐への共感

これまで見てきた話の内に感じられるのは、復讐に対して人々が寄せる共感の強さである。復讐者は、まぎれもない殺人犯である。年少の者すらいる。しかし、彼らは、人々を戦慄させる殺人鬼でもなければ、世を嘆かせる凶悪な非行少年でもない。改めて彼らに対する賛辞を見ておこう。

Ⅰ章で挙げた予譲《よじょう》の例を思い起こそう。予譲の最初の試みが失敗して、仇である趙襄子《ちょうじょうし》の前に引き出された時、命を狙われた当人である趙襄子自身が何と言ったか。予譲は「義士」であり、「天下の賢人」であると称している。これは絶賛以外の何ものでもない。趙襄子には予譲に命を狙われる覚えはある。予譲は間違いなくわが身を脅かす敵である。しかし、予譲の行いには趙襄子も共感はできるのである（許さぬだけである）。

中国には、復讐を人徳ある行為として誉め称える考え方も珍しくない。「孝」と称する例はこれまでに多く挙げた。それ以外には、「烈士」の語もしばしば使われる。その勇武を誉めるものだ。復讐事件情報は人々の間にも広がり、喝采を博す。これもⅠ章で紹介したが、唐の玄宗《げんそう》皇帝の時、張瑝《ちょうこう》と張琇《ちょうしゅう》の兄弟が父の仇を討ち、彼らは死罪となる。埋葬後に、仇の遺族が墓を掘り返すことを恐れ（伍子胥《ごししょ》の例を想起せよ）、塚の近くに住む者たちが偽の塚をたくさん作ってどれが本物かわからないように偽装したという（『旧唐書《くとうじょ》』孝友伝）。殺された仇の遺族のことなどまるで気にもとめられない。

復讐を果たす当人だけではなく、そのサポートをする者も誉められる。次に、前漢《ぜんかん》の人、朱博《しゅはく》の話を挙げてみよう。

朱博の人柄は清廉で慎ましやか、酒色や宴会を好まず、貧しい時から富貴に至っても食事には多くの種類を並べることなく、膳には三品以上は置かなかった。早寝早起きで、妻が彼と顔を合わせるのは稀なほどだった。娘が一人いて、男の子はいなかった。一方、士大夫をもてなすのを好み、郡守の時も大臣の時も賓客が彼の屋敷にあふれていた。仕官したいと思う者は推薦してやった。仇怨を晴らしたいと思う者には、自らの剣を外して彼にかけさせてやった。朱博が相手の望むところに合わせてそれぞれの士に応対したのは、まことにこのようであった。

『漢書』朱博伝

朱博は、あたかも就職希望者と同じように復讐希望者を扱う。復讐を願う者の望みをかなえてやることが、朱博の人徳のように描かれているのが、この話の書きっぷりの注目すべきところである。

復讐者が、本来なら国法に照らして死罪になるところを特別に許された例もこれまで多数掲げた。次に挙げる話は、また別な意味での優遇である。

喬智明《きょうちめい》は、鮮卑《せんぴ》前部の人である。……張兌《ちょうだ》なる者が父の仇を討った。張兌の母は老いて独り身、彼に妻はいたが子供はない。喬智明は大いに彼を憐れみ、刑の執行を停止し、一年余り、張兊を妻帯のまま獄に入らせて黙認しておいた。張兊に逃亡を勧める者がいたが、張兊は「このような情けをかけてくれるお方がいるのに、私はどうしてこれ以上の罪を重ねることができようか。もし逃げおおせたとしても、私は世間に顔向けができやしないではないか。」と言った。獄中で男子が生まれ、のちに赦にあって張兊は釈放された。

『晋書』良吏《りょうり》伝・喬智明

法に照らして裁くならば、張兊は死刑に処さねばならず、それ故、喬智明も彼を獄に入れる。しかし、張兊には年老いた母があって、その世話をせねばならない。また、彼には子がないので、このまま彼が死刑になっては一家は断絶の憂き目にあってしまう。喬智明はそれを気遣ったわけである。奥さんが獄で一緒にいるのを黙認し、期待通り、男の子誕生という目的を達成させたのである。さすれば彼が死刑になろうとも、家は継続してゆけよう。うまいことに、赦免が出て張兊は釈放というハッピーエンドとなった。逃亡を勧められても拒否するなど、この張兊という人物もまたなかなかの人物である。仇討ちをする人は、卑怯であってはならないのだ。喬智明の行いは、公平に見ればえこひいきであり、役人としての勤務態度には問題もあろう。しかし、それでいいのだ。むしろこういう「血も涙もある」お役人さんこそ、伝統社会においては人々が仰ぎ見る模範であったのである。

このように、復讐に対しては、誰もが共感を寄せ賞賛し、サポートやアフターケアもする。この感情の根強さも、中国における復讐を考える際、見逃してはならないところである。もちろん、一般への受けを狙って復讐をするのではあるまい。実行時の危険も、実行後の司直の裁きもあるから、復讐が成功してもその後にバラ色の人生が待っているわけではない。その意味では、復讐は、まさに復讐それ自身を想う、動機と意志の強さに発していると見なければならない。

復讐しなければならない理由

それでは、人々を復讐へと駆り立てた動機や、復讐に共感を寄せた理由はどこにあるのだろうか。単に怨みを晴らすとか武勇を誇示するとかいう次元の問題ではない。そもそも復讐は「殺人は死刑」という国法に触れる行為なのであるから、仮に首尾よく仇を討ち取ることができても、その後逮捕されて死刑になることも覚悟せねばならない。それでも復讐を望んだ理由は何であったか。

私は先に『「生き方」の中国史』なる本を著し、伝統中国の家族のあり方について述べた。詳細は該書を見ていただくとして、そこで述べた趣旨のここで必要なところだけを確認しよう。伝統中国では、それぞれの「家」は固有の「気」を持ち、それが原則的には男子を通じて祖先から子孫へと脈々と伝えられてゆく、と考えられていた。この「気」とは、おそらくは現在に言う「遺伝子」のことだろうかと私は思う。祖父〜父〜息子、と見た目が似ている一家は、身近によく見かけるであろう。その現象について、男性を通じて何か伝わるものがあると、昔の人は経験則によって考えたに相違ない。その伝わっている何かを「気」と呼んだのだ。子にすれば、現在の自分を、今あるこの姿でこの世に生まれさせてくれたのは父である（正しくは、父を通して発露した「気」であるが）。自己存在は、父なしにはあり得ない。父のおかげで、自分は現在この世にいられるのである。そのことを中国の古典では、「父は子の天」とか「父は子の本」とか言ってきたのである。自分をこの世にあらしめた「原存在」とでも称すべきが父なのである。次の話を見てみよう。

魏の五官中郎将（宿衛して禁中を守る官。ここでは曹操《そうそう》の息子の曹丕《そうひ》を指す）が、居並ぶ賢人たちとともに議論をしたことがあった。お題は、「ここに薬が一粒だけあるとしよう。飲めば一人だけは命が助かるわけだ。さて、主君と父親がともに病気となった。あなたならば、薬を主君に与えるか？　それとも父親に与えるか？」というものであった。人々の意見は、あるいは父親だ、いや主君だと分かれてしまって収拾がつかない。邴原《へいげん》はむっとして「父子は一本である！」と言った。これには反論する者とてなかった。

『世説新語《せせつしんご》』軽詆《けいてい》篇注に引く『邴原別伝』

どちらか一人しか助けられないのならば、主君と父親とどちらを助けるかという究極の選択だが、邴原の「父子は一本」という言説の前にはもうそれ以上の反論はあり得ない。主君とはさすがにそれほどのつながりはないのである。

このような強い絆があるが故に、父が非業の死を遂げた場合に息子が復讐に乗り出すのである。単に悔しいからだけではなく、もちろん武勇をひけらかすためでもない、自己の存在そのものに関わる問題として復讐は行われるのである。自分を今あるこの姿でこの世に存在せしめた「原存在」たる父、その父の不当な死によって自分の存在の根源が脅かされたこと、アイデンティティーの危機が訪れたこと、それを放置したり人任せにしたりしておけないのである。自然なる死であればともかく、父が他人に殺害されるなど不当な非業の死の場合、突然に断ち切られた、自分と自分を生み出した本との関係を嘆き悼み、下手人を許しておくことはできないのである。死者の鎮魂追悼のためであることはもとよりだが、むしろ自分のためにこそ復讐は成されねばならないのだ。

このように、中国の復讐は、その根源に自己の存在や家族に関する認識を踏まえて成り立っていたものと考えられる。子が自己の存在意義をかけて行う重大なる行いである。そうした意味合いにおいて、中国の復讐は、復讐を実行する人間自身の問題として発生する。それ故に、王朝が禁じようと、止むものではない。せめて王朝側が復讐者に寄せる感情が「孝子の心」への同情であることは、そういう理由であろう。歴代正史に復讐事件を探すならば、庶民に関しては「孝義伝」「孝友伝」という「孝」に関わる部分にそのほとんどを見出し得るのも、まさしくそういう理屈である。復讐を成し遂げた者への「孝子」や「烈士」という評価、生きている人間の側の価値を高めることに、王朝は腐心しているようである。復讐は、残された人間にとっての試金石でもあるのだ。なお、ヒトであれば必ず父はいるはずだから、復讐は特定の階層に限らないのである。王も貴族も当てはまり、もちろん庶民にも当てはまる。多数の復讐事件が発生した理由もそこにあった。

復讐という行為の背後にある、こうした思想を従来は見逃してきたのではないか、と私は考えている。怨恨からという説明は、確かにある程度まで人を納得させる理屈ではあろうが、それのみでは充分ではない。まして「武をたっとぶ」などではない。息子が父の仇を討つケースがとりわけ多く、また国家が禁じてもかまわずに行われてきたことの理由も、以上のような家族観を踏まえれば理解しやすいのではないだろうか。我々にとっては、それはあるいは迷信に基づくものでしかないかもしれない。しかし、現在からすれば迷信ということであり、現代の科学なるものが証明する内容も、素人には検証はもちろん、観察も認識もできないものである（遺伝子を肉眼で見られる人がいるか！）。科学者の説明を、自らは検証できないままに、信頼して受け入れているだけのことで、一般人が置かれている状況は実は昔の人と現代人は何も差があるわけではない。説明の仕方（気と遺伝子）が違うだけで、親と子の間に伝わるものの存在はともに認めているのだし、本質的に大きな違いはない。現在は、「個の尊厳」を重視することで、その伝わるものの意味合いを軽視しているだけのことだ。だから、過去の中国人の認識や行動を「迷信」の一語で片づけることは、特段進歩でも賢明でもないかもしれない。歴史的に人間理解をめざすなら、むしろ不当であるというべきではないか。「個」が基本単位とされる現代とは、土俵が違うというのが前提である。その上で、過去においては、自らのまさしく「人間の証明」のために復讐は行われてきたのであった。そう理解するのが適切であろう。

なお、I章で紹介した予譲は、父の仇ではなく、主君の仇であった。血のつながりのない主君の仇に対する彼の執拗な復讐への意思は、もちろんこうした親子間を結びつける「孝」によるものではない。彼の場合には、「士は己を知るもののために死す」ということわざを引いて自分の状況を端的に説明しているように、自分を認めてくれた主君智伯《ちはく》の死と智伯が受けた屈辱によって、自己存在の根源が脅かされたことへの反撃としての復讐なのであった。そういう意味では、予譲のケースも例外ではない。自分に誇りと自信を与えてくれた人への想いに基づき、自分の存在意義をかけた「人間の証明」のための復讐として行われたものであり、父と子の場合と基本の筋は通じているのである。それ故、彼のケースを含めても、「中国の復讐は、愛と絆の物語である」と言い表すことができる。非業の死を遂げた大切な人との生前の交誼、その死に寄せる深い悲しみと憤り、それらをまとめて昇華する、中国における復讐とはそういうものであった。

なお、清代、弟の仇を兄が討った事例について、刑部（刑罰をつかさどる官署）は、「兄と弟の関係は、情ということではまさに骨肉の関係で密接なものであるが、しかし地位関係としては尊卑の差がある」として、父母や祖父母のために復讐するケースと同様に考えることはできないとの見解を表している（前掲、小口氏の研究による）。尊の仇を卑が討つのはよいが、その逆は理としては通らないとの見解である。つまり、復讐において重要なのは、「情」もさることながら、人間関係に存する「理（原理）」であったということであろう。このへんが中国は妙に「論理的」である。

人の道としての殺人

復讐事件に対して、王朝側は常に好意的である。本来は法を犯した者として厳罰に処して当然であるのに、許すのはごく当たり前で、大いに誉め称えていることも珍しくない。動機が復讐であるとわかれば、殺人は殺人ではなくなり、むしろ人として成すべき（しかし実行困難な）行為を成し遂げた者として評価は一転する。先に掲げた多くの話でも、「義」であるとか、「烈士」であるとかいう語が用いられていた。いや、何よりも「孝」であるとして、人倫道徳の最も重要な徳目の体現者として賞賛されていた。つまり、当時における「人としての道」の実現のために、殺人も認められていた、ということになる。しかも、それが決して一部の思想家の特殊な説などではなく、皇帝から庶民までが持ち、紀元前から清朝末期まで、中国にずっと通底するものであったことも、ここまで見た通りである。

人の道の実現のために人の命を奪うことが許される、というこの考え方は、決して矛盾ではない。なぜなら、かつては、あらゆる人の命が等しく貴い、という思想が人々の脳裏にはなかったからである。人間は不平等である、というのが、洋の東西を問わず、人類の歴史のほとんどの割合を占めて持たれてきた思想である。君と臣で、あるいは父と子で命が平等なわけがあろうか、と昔の人なら言うに違いない。また、一般の善良なる民と、凶悪犯罪を行った者とが、同じように扱われてよいなどとも、全く思わなかったに違いない。そもそも人間は不平等であって、ランクがついており（それが君主制時代の基本だ）、それぞれの分に応じて務めがあり、そして分に応じて扱われねばならない。それを逸脱するのは秩序を乱す行為であって、むしろ不適切である、というのが歴代の人間観であり、世界の秩序に対する理解である。

かけがえのない個人の尊厳や生命の尊重という考え方はない。それ故、父の仇に人としての価値を認めることなどはありえない。むしろ、仇を人として認めないということが出発点であり、それが「孝」という「人の道」を実践するための前提である。仇とされる人物は、きっかけとして何か「人の道」から外れる行為をしたのであって、ならば彼はその報いとして自身が「人」から外れた存在とされてしまっても仕方がない、ということなのであろう。

惨劇と言うべき多くの話を先に紹介したが、これは中国人が猟奇的なわけでも残忍を好んだからでもない。むしろ、往時の道徳としてはそれが「人の道」であったということ、そこを理解しなければならない。人間観の違い、道徳の違い、その結果から生じたことなのである。だから、逆に往時の中国人から見たら、復讐を忘れた現代人（中国人か否かを問わず）は、人の道をわきまえないケダモノ以下でしかないはずである。親の仇も討てない恥知らず、という言い方も、資料には出てくるのだ（八六ページ、『後漢書《ごかんじょ》』申屠蟠《しんとはん》伝）。

復讐のこれから

先に述べたような私の見方が正しいなら、復讐を支えていた家族観が崩壊すれば、復讐はいきおいその必然性をかなり失うこととなる。「個人の尊厳」を前提に、生命体としての発生の因果関係はともかく、親と子が別人格としてこの世に存在するのなら、父の不当な死も、子の存在の根源を脅かすものではなくなる。むしろ、法律に触れることなく父の死を何らかの形で克服して、子は自らの人生を歩む、というのが望ましいことにすらなろう。清朝の瓦解、民国の建国、そして中華人民共和国の成立、という動きの中で、かつての「気」にまつわる迷信は衰えゆき、復讐事件は減りつつあるのだろうか。残念ながら、統計を見たことがないのでなんとも言えない。しかし、「文明」としての法治国家」の看板を掲げていることもあり、もともと復讐事件のきっかけになるような殺人事件の発生も減れば、また事件が放置されることも減ったであろうし、趨勢としては減少傾向にあるだろうことは容易に想像できるであろう。

復讐が野蛮かそうでないかについて決めることは、あまり意味はない。きっかけとなった出来事はどんなものであったか、そしてその出来事の始末がきちんと裁かれたかどうか、といったところを抜きにしては、復讐者の心情や行為を語ることはできないからである。法治国家であれば、いかなる理由があろうとも私刑に当たる復讐が許されるわけはない。それは当然の理屈である。しかしその理屈は、やはり刑の独占という「政治」の論理の上に成り立つもので、被害者自身や遺族の感情を満足させるものでないことはもちろん、「正義」の実現が保障されるとは限らないものであることもまた事実である。

感情の満足は、人間存在の本質に関わって、決して無視してはならない要素である。栄養さえ足りれば食事がまずくてもいい、という人はほとんどおるまい。サプリメントの錠剤で栄養摂取が済めばそれが進歩だということは絶対にあるまい。美味を喜ぶ感情を抜きにして、人間の基本的営みである食の話は成り立たない。食にとどまらず、衣住においても全く同様である。娯楽も芸術も、要は人間に関わること全て、この感情を抜きにしては語り得ない。理性を感情より上位に置いて持ち上げるのは、人間理解としては問題があると言わねばならない。

また、正義の実現も、現在のような代理人のゲーム的応酬による裁判の形態からは、必ずしも達成されるとは限らない。冤罪もあれば、また、「被告人は反省している」という理由でひどく減刑になることもよくある。現在の司法に対する信頼感はどれほどのものであるだろう。かつて、政治的配慮において復讐行為が減刑や赦免されたことに対応するように、現代は政治的配慮によって死刑が回避される（ないし執行されない）傾向がある。世論はそれに同調しているであろうか。

前掲の穂積博士も復讐を文明の開けていない野蛮な行いと断ずる。但しそれが博士の生きた時代の雰囲気に沿うものであることは、指摘しておいた通りだ。ここまでに挙げた事件を見ての通り、結局子らが復讐に立ち上がらなければならなかったのは、彼らの父が誰かに殺害されながらも、その犯人が正当に裁かれず、彼らの求める「正義」が実現されなかったというところにもある。そう、本来はこの「正義」とは何かが問題なのであるけれども。

今、復讐が公認されればいいと主張する気は、もちろん、全くない。歴代王朝で多くの人が議論してきた通り、復讐の公認は、野放図な殺人を認めることになり、世の秩序は失われる。にもかかわらず、「忠臣蔵《ちゅうしんぐら》」にしろ『ハムレット』『モンテ＝クリスト伯』にしろ、なぜ今でも映像化され、共感を呼ぶのであろうか。テレビドラマでもいかに復讐劇が多いことか。復讐を全面的に否定する倫理は、我々の時代はやはりまだ持ち合わせていないのである。

例えば、誰かによって、家族をはじめ大切な人の命が奪われる。犯人は捕まり、法の定めるところの刑を受ける。しかし、それは本質的解決ではない。もし、感情的生き物としての人間が、かつての人々とさして差がない存在であるならば、復讐したいと思う心は現代人にも明らかに存在する。憎しみの感情、復讐の想いがまるで起こってこない、という状況ではない。「はじめに」で紹介したロシアの例のように、強くそれは生きている。にもかかわらず復讐事件が起きないならば、復讐の実行を抑える「理性」が、感情を無理やりに抑え込んでいるという状況ではないであろうか。

同じように「怨みを晴らす」のであっても、復讐と逆恨みは、我々は区別して考えていると思う。逆恨みには誰も全く共感を示すことはない。一方で、復讐に対しては、完全肯定はしないまでも、共感できる理由や状況があれば、どこか同情的に扱われるように思う。それが現代人としてのせめてもの感情と理性の折り合いのつけ方であろうか。その意味では、過去の中国人の苛烈な復讐について、現代日本人も、共感はしないにせよ、理解はすることができるはずである。そして、その理解を共有できるところから、現代及び将来における人間観・死生観を考えてゆく作業が進めていけると思う。人間の本質に関する理解は、自然界の法則ではない。「こういう風に考えましょう」という選択肢を、各時代各地域で選んできたに過ぎず、その意味で「正しい」認識に近づいたとすら言えないものなのである。それ故に、人間観や死生観は、常に同時代人によって確認され共有されねばならないのだ。

現代は歴史上初と言ってよい、「人権」が重んじられる時代である。しかし同時に大量殺戮兵器が世界の至るところにあるという、歴史上「人権」が最も脅かされている時代でもある。現代がそういう状態にあることを考えずして、本質的に「人権」を語ることはできない。結婚式の最中の教会を爆撃して罪もない人間の命を多数奪っておきながら、「誤爆でした」の一言で片づけるような争いが続いているのが現代だ。これこそ野蛮と言わずして何と言うのであろう。もし野蛮という言葉を使うなら、戦争や、（死刑の適用を求められる）凶悪犯罪が起こる世の中こそが「野蛮」である。我々の生きている現代は、まぎれもなく野蛮である。その認識を出発点にすべきであると私は思う。

また、国家や政治の論理と我々一般庶民の論理の違いも、改めて考えてみてはどうだろうか。誰もが平等というのはまさしく政治の論理であって、我々一般庶民の日常の意識、感情のレベルの問題ではない。個人的には絶対に不必要なミサイルも、国家の論理からは必要になる、というように、国家には独自の論理がある。現代人にはこうした国家や政治の場の論理の受け売りが多すぎる、という気が私はする。民主主義によって国民一人一人が国家形成に参加するということと、国民が常に国家論理を優先して生きることとは違うのではないか。君主制をだいたい消滅させ、人間の平等を謳う現在は、人類の歴史上あまりにも特異な時代である。だがその現代を支える思想は、「仮設」「仮想」によるところが多い。人間の平等についても、人は生まれながらにして（現実に）平等なのではなく、（それ故に）平等に扱われねばならない、というのが本来の理屈である。自身に関わる肉体的・知的能力ももとより、自分を取り巻く家庭をはじめ、所属する民族・国・地理的環境など、我々は自分が生まれてくる条件を何一つ選んでこの世に出現することはできない。本人の努力では克服し得ない多くの差を持って、全ての人はこの世に生を享ける。だから、実際には存在する差を縮めるのが必要なことなのだ。そこは誤ってはならない。

改めて思うに、死んだ後に行くはずの世界としての天国も地獄も、人々の共通の観念の土俵としてはもはや存在しない。また、祖先からまだ見ぬ子孫にまで伝わりゆく命の連続を感じ、近しい人との関係の中で自分自身の存在意義を理解したかつての中国人のような考え方を、今我々は持っていない。ばっさりと切り捨てただけで、それに代わる世界観も人間観も充分には持ち合わせていないのではないか。結果として、天国も地獄も、現世で実現しなければならなくなった。ハンナ・アレントが指摘したように、地獄だけは現世に出現したような現代。前世も来世も切り捨てた、まさに現世の自分個人の人生の内に、生きることの価値も目的も見つけねばならない現代人は、歴史的に見れば、実は極めてキビシイ状況にあるのである。

ここまで見てきたように、往時における復讐は、かつての人間観・人生観などを踏まえることなしに理解することはできない。それは、自分をこの世に存在せしめた人への想いや、自分に誇りを与えてくれた人への想い、そうした人間関係の深いつながりから発したものである。自己存在と、大切な人との絆が危機に瀕した時、さらに崩壊させられた時、人は復讐へと自らを駆り立てていったのだ。それ故に、復讐は人の道なのであった。我々もそうした想いを持つことがあるのならば、そして人間関係こそが、これからも我々の人生の基本であるならば、その想いはやはり何らかの形で掬い上げられなければならない。誤解されないようにくりかえし言うが、私は、復讐を是認するのでも、勧めているわけでもない。人々の「想い」が、往時のような復讐という形態をとらなくても充たされるのであれば幸いであるが、それでは現在はどういう状況であるか、と問いたいだけである。

復讐は減ったかもしれないが、そのことが、「今が昔よりよい時代である」ことを意味するとは必ずしも言い切れない。多くの「想い」が政治的・法律的に圧殺されただけならば、あるいは「悔しさ」も「無念」の感情も沸き起こることがないならば、さらには失われた自己や断ち切られた絆が修復されずに捨て置かれることを余儀なくされるなら、人間にとって現代はむしろ歴史上稀に見る不幸な時代である、と言うべきかもしれない。

【参考文献】

■資料訳註

内田智雄編『訳註　中国歴代刑法志』創文社、一九六四年

内田智雄編『訳註　中国歴代刑法志　続』創文社、一九七一年

梅原郁編『訳注　中国近世刑法志　上・下』創文社、二〇〇二〜〇三年

小川環樹・今鷹真・福島吉彦訳『史記列伝』一〜五　岩波書店（岩波文庫）、一九七五年

柿村峻・藪内清訳『韓非子・墨子』平凡社（中国古典文学大系）、一九六八年

野口定男ら訳『史記　上・中・下』平凡社（中国古典文学大系）、一九六八〜七一年

野口鐵郎編訳『訳註　明史刑法志』風響社、二〇〇一年

前野直彬訳『閲微草堂筆記』平凡社（中国古典文学大系）、一九七一年。のち、改題して『中国怪異譚　閲微草堂筆記　上・下』平凡社（平凡社ライブラリー）、二〇〇八年

■著書

氏家幹人『かたき討ち　復讐の作法』中央公論新社（中公新書）、二〇〇七年

霍存福『復仇　報復刑　報応説』吉林人民出版社、二〇〇五年

銀雀山漢墓竹簡整理小組編、金谷治訳注『孫臏兵法』東方書店、一九七六年。のち、改題して『孫臏兵法　もうひとつの〈孫子〉』筑摩書房（ちくま学芸文庫）、二〇〇八年

桑原隲蔵『中国の孝道』講談社（講談社学術文庫）、一九七七年（オリジナルは論文、一九二八年）

滋賀秀三『清代中国の法と裁判』創文社、一九八四年

滋賀秀三『中国法制史論集』創文社、二〇〇三年

竹内康浩『「正史」はいかに書かれてきたか』大修館書店、二〇〇二年

竹内康浩『「生き方」の中国史』岩波書店、二〇〇五年
冨谷至編『東アジアの死刑』京都大学学術出版会、二〇〇八年
中村茂夫『清代刑法研究』東京大学出版会、一九七三年
仁井田陞『中国法制史研究　刑法』東京大学出版会、一九五九年。のち、補訂版、一九八一年
西田太一郎『中国刑法史研究』岩波書店、一九七四年
日原利国『春秋公羊伝の研究』創文社、一九七六年
平出鏗二郎『敵討』中央公論社（中公文庫）、一九九〇年（オリジナルは一九〇九年刊）
穂積陳重『復讐と法律』岩波書店（岩波文庫）、一九八二年（オリジナルは一九三一年刊）

■論文
浅野裕一「上博楚簡『鬼神之明』と『墨子』明鬼論」『中国研究集刊』別冊（第四十一号）、大阪大学中国学会、二〇〇六年
川村康「法と孝の相剋　―唐宋中国における規範牴触の事例―」阪倉篤秀編『さまざまな角度からの中国論』晃洋書房、二〇〇三年
小口彦太「清代刑事裁判のもとでの復讐事犯に対する法的対応」島田正郎博士頌寿記念論集刊行委員会編『東洋法史の探究』汲古書院、一九八七年
利光三津夫・堀毅「復讐・移郷考」利光三津夫編著『法史学の諸問題』慶応通信、一九八七年
冨谷至「復讐と刑罰　―前近代中国の場合―」新田義之編『文化のダイナミズム』大学教育出版、一九九九年

図版協力　財団法人 永青文庫、Record China、赤穂市立歴史博物館・赤穂市教育委員会

あとがき

復讐（仇討ち）は、長く演劇や文学のテーマでした。そして過去の遺物にとどまりません。「はじめに」で挙げたロシアの例のように、現代にも起こっていますし、現代でも共感を得られるものなのであります。つまり、復讐は、人間が生きていく中で生じてくる一種必然のようなもので、いつでもどこにでも起こり得るものなのだと思えばよろしいでしょう。

復讐は、だいたいの場合、殺人を意味します。もちろん犯罪行為ですから、多くの場合、復讐したいと思っても実行はしないはずです。それ故に、逆に復讐に踏み込んだ者に対して羨望のまなざしを投げかけた評価が出るのかもしれません。しかし、一方、復讐は犯罪であって絶対によくないとするのも当然の考え方であります。それももちろん道理のあることであります。但し、復讐は犯罪だからいけないという言い方は、何か他の犯罪行為と復讐とを同じ土俵に乗せてしまうという点で、割り切れないところはないでしょうか。例えば犯罪でも、窃盗や傷害には、事情によって同情はしても、基本的に肯定的な共感などは寄せないでしょう。復讐は違います。場合によっては共感を超えて積極的に肯定しかねない雰囲気すらあり得るでしょう。古今東西、復讐劇の主役はまぎれもなく英雄でありましたし、近頃多い凶悪犯罪の被害者の心情を思う時、ますますそういう雰囲気は強まるようでもあります。最終的な目標は「正義の実現」であるはずですが、ではそこに言う「正義」の内容はどのようなものでしょうか？

復讐には、単なる「仕返し」とか「鬱憤晴らし」を越えた、もっと積極的な、人間として根源的な要素があるのではないか、ということを考えてみてよいのではないでしょうか。本書はそのために、中国史から題材を採って検討してみたものです。本書中で明らかにしたように、中国においては、復讐という行為の背後に、当時の人間観・死生観が極めて強く存在しました。自分という存在、自分にとって大切な人との絆、それが危険にさらされた時、人は復讐に乗り出したのです。だとすれば、現代人はどのような人間観・死生観を持っているでしょうか。また、自己存在や人との絆について、どのように考えているでしょうか。それを確認しない内は、現代社会におけるさまざまな問題は語ることはできないでしょう。その点は本書では触れていません。我々の誰もが、自分自身の問題として考えてみることです。敢えて個人的な考えを述べるなら、「亡くなった者のことをまるで念頭に置かない諸制度は、不充分な人間理解に基づく、不完全なものである」との思いを私は拭い去れません。「生者中心」はよいとしても、「生者だけ」の人間理解・世界理解に、私は満足できないものです。

過去の中国に起こった復讐事件は、相当な惨劇も多いながら、しかし往時においては明らかに「道徳的に正しい行い」でした。そのことをまずは理解しなければなりません。直情径行の野蛮な行いではなく、人（子）としての義務とすらされた、尊い行いでした。理由（名目）によっては、「命を奪うことが道徳的に正しい」と考えた時代・社会があったのです。その事実を踏まえて、現代と未来のことを考えましょう。現代の我々を取り巻く思想は、西洋で発展したものが多いのですが、現代の社会問題などを論じる際、東アジアに生まれ発展した思想について触れられないケースがよくあります。あるいは東アジアの思想は、西洋近代によって克服されるべき（克服された）「封建的」なものであるという決めつけなのでしょうか。思想は科学的法則ではありませんので、今後もいかなるものでも選択肢になり得ます。君主制を廃した国々に、どうして二十世紀になってから独裁者が出たのでしょう。民主主義からも戦争は起こり、暴政も誕生します。民主主義国家こそ、民衆一人ひとりが「賢明」にならねばなりません。現代の人間はどこまで自覚的に考え、行動しているでしょうか。現代日本人が考える「正義」とはどういうものであるか、我々自身の考え方を問い、確立する必要がありましょう。

現代が、過去を克服した「上級レベル」に位置するとは限りません。「効率のよい道具」という意味では、現代は過去を越えたものを持っているでしょう。しかし、人間の生死という、我々にとっての根本問題は、何も変わってはいません。人として我々が今後を生きていくために、過去の人々の考え方や行動について、もっと知り、学ぶべきであると、私は思います。そのことを私は強調したいのであります。

表紙に平福百穂画伯の「豫譲」を飾ることができましたことを大変うれしく思います。多数いたはずの趙襄子の警固の者を一切略し（御者は仕方ありませんが）、予譲と趙襄子の二人のドラマとして描いた画伯の慧眼にほとほと感服いたします。

今回もチャンスを与えてくださった大修館書店と、私の間違いだらけの原稿を丁寧に直してくださった編集の吉村未知さまに感謝申し上げます。

[著者略歴]

竹内康浩（たけうち　やすひろ）

1961年、青森県弘前市生まれ。1984年、弘前大学人文学部（東洋史専攻）卒業。1990年、東京大学大学院人文科学研究科博士課程（東洋史専攻）単位取得退学。現在、北海道教育大学教育学部釧路校教授。著書に、『「正史」はいかに書かれてきたか』（大修館書店、2002年）、『「生き方」の中国史』（岩波書店、2005年）がある。中国史全般を通して、社会を形成し維持してきた価値観・道徳の問題について勉強中。また、希代の奇書『山海経』をちゃんと読もうと奮闘中。

〈あじあブックス〉

中国《ちゅうごく》の復讐者《ふくしゅうしゃ》たち――ともに天《てん》を戴《いただ》かず

NDC920／viii, 199p／19cm

初版第1刷――2009年7月1日

著者――竹内康浩《たけうちやすひろ》

発行者――鈴木一行

発行所――株式会社大修館書店

〒101-8466 東京都千代田区神田錦町3-24

電話03-3295-6231(販売部)03-3294-2352(編集部)

振替 00190-7-40504

[出版情報] http://www.taishukan.co.jp

装丁者――下川雅敏

印刷所――壮光舎印刷

製本所――ブロケード

ISBN978-4-469-23307-0　Printed in Japan